# RECUPERAR LAS VOCES SILENCIADAS EN HISTORIA DE LA EDUCACIÓN

## Tradiciones, métodos y desafíos

Natalia Reyes Ruiz de Peralta
Victoria Robles Sanjuán
Carlos Sanz Simón
Miriam Sonlleva Velasco
(coords.)

# RECUPERAR LAS VOCES SILENCIADAS EN HISTORIA DE LA EDUCACIÓN
## Tradiciones, métodos y desafíos

GRANADA, 2025

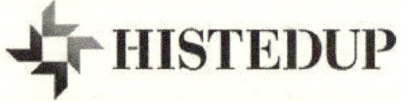 

UNIVERSIDAD
DE MÁLAGA

UNIVERSIDAD
DE GRANADA

Instituto
de estudios
de la mujer

©   LOS AUTORES
©   UNIVERSIDAD DE GRANADA
    ISBN: 978-84-338-7613-3. Depósito legal: GR./1005-2025
    Edita: Editorial Universidad de Granada
         Campus Universitario de Cartuja. 18071 Granada
    Telfs.: 958 24 39 30 - 958 24 62 20 • web: editorial.ugr.es
    Maquetación: CMD. Granada
    Diseño de cubierta: Tarma. Estudio gráfico
    Imprime: Podiprint. Antequera. Málaga

    Printed in Spain                      Impreso en España

# CONTENIDO

## Bloque III
## Magisterio, renovación y represión

# INTRODUCCIÓN

La historia de los Encontros Ibéricos a que se han comprometido la Sociedad Española de Historia de la Educación y la Associação de História da Educação de Portugal, ha permitido dar espacio, voz y debates a las investigaciones doctorales en curso y a quienes las han producido en estas tres décadas.

La historiografía educativa, como recientemente ha señalado Antonio Viñao en una entrevista, ha de mirarse bajo el prisma de sus modos de producción y difusión. Además, la elaboración de un trabajo investigador histórico-educativo está sujeto en ocasiones a intereses institucionales, o vinculado a la agenda que la comunidad historiográfica marca, y se ve condicionado por los tiempos disponibles de dedicación a la búsqueda de fuentes y a la elaboración del corpus de conocimiento histórico. Estas razones son las que orientan los Encontros hispano-portugueses, que añaden un incentivo a los procesos de investigación doctoral al dar cabida a la presentación y debates sobre los enfoques, análisis y dificultades que entrañan estas tesis doctorales, a las novedades que aportan y al conocimiento general de las comunidades historiográfico-educativas portuguesas y española.

Presentar los avances y resultados de la elaboración de las investigaciones doctorales hispano-portuguesas, lo que ocupa gran parte de este libro, implica nuestro acercamiento al pensamiento historiográfico reposado, una relación entre conocimiento y ciencia que no es fácil de ajustar en los ajetreos académicos de los últimos años y que, sin embargo, despiertan conciencia de utilidad y saber social en las personas que aquí intervienen.

La denominación intencionada de este último X Encontro Ibérico: «Recuperar las voces silenciadas en Historia de la Educación: tradiciones, métodos y desafíos», ha permitido presentar las novedades de las investigaciones que conforman este volumen, que fueron debatidas en julio de 2023, en Granada. Por esto debemos agradecer a todas las personas que se prestaron entonces a exponer sus reflexiones y a escuchar algunos aspectos que podrían tomarse en consideración. Estas investigadoras e investigadores han apostado por lo relevante del análisis de lo pasado y presente, de los enfoques y las líneas de estudio elegidas, de las fuentes disponibles o de las dificultades de su escritura y novedad del pensamiento reflexivo y analítico sobre nuestra historia.

Esta confluencia de culturas y tradiciones hispanoportuguesas es lo que ha caracterizado el encuentro del colectivo investigador de tesis doctorales y de sus directoras y directores, además de una parte de las y los miembros de la Associação y de la Sociedad. Con esto, se abre un espacio compartido, muy diverso y rico en matices y miradas sobre las controversias, los puntos en común o las diferentes propuestas que se delimitan y defienden en él. Desde todo ángulo, esto supone un buen punto de continuidad de nuestras investigaciones, sus posibles mutaciones, postulados y consideraciones.

Tres son los apartados en que, de manera más o menos relacional, hemos agrupado los capítulos de este libro. Presentamos una síntesis de cada uno de ellos.

## Los exilios de las educadoras en Portugal y España

El ejercicio de la actividad docente y de la investigación en las aulas se ha visto dificultado, y en ocasiones finalizado, en determinados periodos históricos que han ejercido formas de control pedagógico y sometimiento ideológico. En este apartado se presentan dos trabajos esenciales para entender cómo la represión de los totalitarismos españoles y portugués ha empujado al exilio a muchas educadoras que encontraron su vida profesional y personal en situación de persecución y merma de sus libertades docentes y creativas.

La novedad de estas dos investigaciones reside en la necesidad de considerar que, ni la represión ni el exilio (exterior e interior) acabaron con la legítima defensa de una escuela democrática, ni con su lucha intelectual contra estos periodos autoritarios. Más bien al contrario: lo que se muestra en este enfoque sobre la complejidad de las opresiones en el campo educativo es la convicción que tuvieron todas ellas de considerarse a sí mismas como refugiadas, exiliadas, oprimidas o perseguidas, sin ceder en su percepción como agentes educativas innovadoras, sin perder de vista la creación de conciencias críticas y su tarea educativa contra formas incisivas de expropiación intelectual y formativa. Las educadoras exiliadas supieron de la especificidad de ser consideradas mujeres tuteladas al servicio de una causa absoluta y represora, que no encajó con sus principios de libertad y de capacitación cualificada de niñas y niños.

El Estado Novo salazarista portugués (1926-1974) provocó una cantidad considerable de exilios de mujeres docentes y directoras de centros que, con esta decisión, trataron de poner fin al control ideológico que este periodo ejerció contra ellas. La estudiosa María João Mogarro acentúa en su aportación el hecho de que fueron varias las generaciones de refugiadas que tuvieron que exiliarse a distintos países europeos, dejando en Portugal unas carreras profesionales vinculadas a la renovación de la Escuela Nueva, el compromiso con la educación femenina y el sustancial acuerdo de hacer más y mejor ciencia pedagógica y práctica educativa. En algunas de ellas, el antifascismo fue una meta en sus países de acogida y la rehabilitación del sentido ético de la educación.

En la coincidencia de dos investigaciones paralelas, el trabajo de Mogarro y el que presenta la investigadora Isabel Grana, elaborados meticulosamente estos últimos años, han renovado el conocimiento sobre las distintas expresiones del exilio interior de educadoras portuguesas y españolas, en este último caso durante los totalitarismos primorriverista (1923-1930) y franquista (1939-1975). En ambos trabajos, la pluralidad de experiencias estudiadas posibilita una aproximación rigurosa del exilio interior que incluyó silenciamientos, sanciones, depuraciones, abandonos e, igualmente, reacciones, pactos y apropiaciones del espacio educativo, desplegando una sociabilidad disimulada pero activa en cuanto a la calidad educativa ofrecida a sus estudiantes y futuras docentes.

Isabel Grana nos presenta un estado de la cuestión sobre los trabajos que han examinado recientemente las vidas de las educadoras que se vieron atrapadas en las dos dictaduras españolas del siglo XX. En él se muestra la intersección entre el exilio interior, los totalitarismos y el género como una realidad ensamblada, singular y dolorosa, por el empeño constante en erradicar transgresiones ideológicas de maestras, normalistas, directoras o inspectoras. En sus procesos de ruptura con el fascismo y el autoritarismo propio de estos dos periodos, les caracterizó su internacionalismo y sus vínculos con las pedagogías innovadoras europeas como sostén de los principios que defendieron en las aulas y fuera de ellas. En algunos casos inhabilitadas para el magisterio, y en otros sancionadas, muchas de ellas exploraron otros caminos que sortearon la ideología antipedagógica característica de los totalitarismos españoles, pero también de la continuidad, según sus posibilidades, de una intensa actividad profesional.

La pluralidad de opciones de vida relacionadas con el trabajo educativo y la represión de las dictaduras configura un desafío para futuras investigaciones que pueden llevarse a cabo en ambas culturas pedagógicas, la portuguesa y la española.

## LA PRÁCTICA EDUCATIVA Y LAS FUENTES PARA SU INVESTIGACIÓN

Hay un grupo considerable de aportaciones relativas a la práctica educativa y a las fuentes que han hecho posible su investigación, que están dejando constancia sobre temáticas y análisis innovadores para la historiografía educativa.

Algunas de estas novedades se presentan con el estudio de la práctica educativa sostenida históricamente a costa de marginar a colectivos étnicos y racializados, como ha rescatado para Portugal y Brasil Isabel Pereira. El cuestionamiento del sentido mismo de la enseñanza como práctica positiva se nos presenta en el trabajo de Kenia A. Reis y su acercamiento a procesos históricos prolongados de aculturación y evangelización en Brasil, en pleno periodo colonizador español, dirigidos a someter a mujeres indígenas en el largo periodo del siglo XVI al XVIII. Es importante el abordaje de las resistencias de estas mujeres a las prácticas religiosas y culturales, reflejadas en las cartas jesuíticas, en el marco del abordaje de una epistemología indígena.

Entre las consecuencias de la colonización y la desterritorialización de las políticas y reformas educativas, Maria Luciana Paredes nos presenta el caso de la educación primaria en la isla de Madeira bajo el imperio portugués del siglo XVIII, que registró índices de analfabetismo provocado por el abandono de una administración demasiado centralizada y ajena a la especificidad de su población. Esta investigadora ha examinado el escaso conocimiento de los legisladores sobre las particularidades de la población madeirense, cuando se ha tratado de implementar políticas educativas.

El contexto histórico-educativo brasileño, objeto de atención en estas investigaciones, ha sido observado y analizado por la historiadora Danielle do Nascimento bajo el prisma de la articulación del sistema neoliberal en las políticas públicas de educación y, en concreto, en el programa de «Educación integral» para la enseñanza social, en São Bernardo do Campo (2010-2020). Esta situación ha requerido, por un lado, de una teoría compleja que aborde políticas públicas de educación, ciudadanía, democracia participativa y condiciones históricas del neoliberalismo en Brasil. Para ello, y esto es otra aportación de la investigación, las subjetividades de las y los educadores sociales han sido recogidas para conocer el desarrollo del programa, la precariedad laboral de sus responsables docentes y la formación que, en esas condiciones, han podido realizar a la población brasileña.

La investigación histórica sigue mostrando la necesidad de recorrer fuentes primarias y secundarias más asequibles y reconocibles, acentuando igualmente la idoneidad de interpretar aspectos de la enseñanza y el trabajo escolar a través de fuentes vinculadas a archivos religiosos y privados, más inaccesibles. Como ejemplo de esto, de entre las fuentes reconocibles y útiles para el estudio del franquismo, el NO-DO sigue siendo una fuente primaria fundamental para el estudio de la educación formal y no formal (para los casos del Frente de Juventudes, la Sección Femenina y los Centros Benéficos Asistenciales). La investigadora María Dolores Molina, que ha integrado todos estos ámbitos en su estudio, considera esta fuente clave para captar la ideología del régimen franquista enfocada a las prácticas educativas en contextos alejados de la institucionalidad oficial.

El periodo franquista sigue dando frutos a través de investigaciones que reconstruyen experiencias escolares inéditas gracias a fuentes históricas que lo hacen posible. Es el caso de la escuela doméstica o *etxe-eskola*, fundada por Elbira Zipitria, maestra y militante de la sección femenina del Partido Nacionalista Vasco, cuya actividad pedagógica y trasfondo ideológico vasquista ha sido analizada por el investigador Peio Manterola. Para este trabajo ha sido clave el análisis de los cuadernos de su alumnado, que han permitido un acercamiento a su pensamiento y práctica escolar, revelando el uso frecuente del euskera en el aula como un elemento del carácter nacionalista vasco que la acompañó.

Con visión histórica, las memorias escolares trabajadas por Irati Amunarriz-Iruretagoiena para dar perspectiva y contenido a la educación en los colegios religiosos, se han revelado una fuente clave para el examen de la cultura escolar religiosa. Esta fuente documental le ha permitido una representación escolar detallada de este tipo de colegios, complementada, por necesidad, con testimonios orales de antiguos alumnos, fotografías y revistas escolares. Las instituciones religiosas son relevantes en estas investigaciones por el acceso a sus archivos y la disponibilidad de fuentes aún inéditas para la interpretación histórico-educativa.

## Magisterio, renovación y represión

Las investigaciones historiográficas en el campo de la educación persisten hoy día en la investigación del magisterio en periodos concretos de nuestro pasado (II República y dictadura franquista), elaborando preguntas frecuentes y no tan frecuentes, que están permitiendo revisar las clásicas problemáticas de la renovación pedagógica en la II República, la represión y depuración del magisterio en el franquismo, de la misma forma que están introduciendo algunas brechas de innovación docente en el funcionamiento de determinadas escuelas en la dictadura franquista.

Sobre el modelo de renovación pedagógica vigente en la II República, Carlos Menguiano ha rastreado las prácticas escolares introducidas por el magisterio, fundamentalmente aquellas inspiradas en las ideas de la Escuela Nueva, y aquellas otras que se acogieron al regeneracionismo pedagógico tradicional, vinculadas al currículum enciclopédico y la organización de la escuela graduada. En estos procesos, como él explica, primó la heterogeneidad en todo el proceso renovador pedagógico, bien por las resistencias estructurales a los cambios, bien por el deseo ferviente de innovaciones internas en las escuelas.

Por su parte, las investigaciones de Andra Santiesteban, para el análisis de la depuración del magisterio madrileño, de Sara Valdivieso, para el estudio del magisterio segoviano silenciado a través de las narrativas de sus familiares, y de Miriam Revuelta, en la reconstrucción de la vida escolar de la escuela de magisterio femenina madrileña «María Díaz Jiménez», creada en 1939, ponen de relieve distintas formas de operar sobre y desde el magisterio, bien a través de amenazas dirigidas a este colectivo o de actuaciones educativas más o menos innovadoras que supieron llevar a cabo en medio de un periodo tan oscuro como el franquista.

Frente a las arbitrariedades conocidas de las comisiones depuradoras de la guerra civil, Santiesteban recupera una parcela de la memoria escolar en el Madrid del primer franquismo a través de las y los docentes represaliados, recobrando los procesos de depuración, las sanciones, las adhesiones al régimen y las consecuencias para el magisterio y el duelo interno que muchas y muchos sufrieron. Pero todo control del magisterio no se quedó en los procesos depurativos, sino que, como ha referido Valdivieso en su trabajo, el magisterio fue un colectivo perseguido durante todo el franquismo. La recuperación del legado de su trabajo escolar ha requerido de los testimonios familiares de maestras y maestros, a través de un grupo de entrevistas en profundidad cuya narrativa ha permitido contrastar lo vivido por este gremio, y lo experimentado en sus escuelas y en sus vidas. Completa esta terna la reflexión de Miriam Revuelta sobre la escuela madrileña de Magisterio, «María Díaz Jiménez». La investigadora ha detectado que, junto a los principios del régimen en la transmisión de los valores nacionalcatólicos, se dio una intensa actividad pedagógica que no siempre encajó en el paradigma ideológico del régimen franquista.

Para finalizar con este apartado, la investigación que presenta Maria Mariza Bezerra, referida a la realidad curricular brasileña, presenta el proceso de implantación de la disciplina: «História da Educação especial» para el magisterio del Estado do Rio Grande do Norte, en Brasil (1970-2019). La tesis principal de su investigación se centra en el cariz de educación inclusiva que impulsó esta disciplina, incentivado por el compromiso con las prácticas pedagógicas inclusivas amparadas por marcos legislativos y transformaciones sociales, pese a la falta de recursos y a ciertos desafíos estructurales. La investigación recurre a fuentes legislativas, testimonios de equipos disciplinares y el análisis de proyectos políticos pedagógicos para la consolidación de instituciones de educación especial inclusivas.

*Natalia Reyes Ruiz de Peralta,*
*Victoria Robles Sanjuán,*
*Carlos Sanz Simón y*
*Miriam Sonlleva Velasco*

# Bloque I
# Los exilios de las educadoras en Portugal y España

# EDUCADORAS EM EXÍLIO
## Silêncios, resistência e afirmação no regime salazarista

Maria João Mogarro
*UIDEF, Instituto de Educação,*
*Universidade de Lisboa*

**Resumo:** Este estudo assume o género como categoria de análise histórica, tomando como critério a análise da vida e da obra de mulheres educadoras que viveram durante o Estado Novo português, o regime totalitário chefiado por Salazar (1926-1974), e se exilaram. Estas mulheres foram professoras ou educadoras, produziram discursos profissionais e políticos e agiram contra o regime e em defesa de uma escola e de uma sociedade democráticas e livres. Hoje resgatamos as suas vidas e o papel fundamental que desempenharam contra o salazarismo retrógrado, a censura sobre todas as formas de expressão, a repressão pela polícia política e a guerra colonial. O regime autoritário de Salazar manteve as professoras sob apertado controle ideológico. Identificam-se duas gerações de educadoras em exílio: a primeira geração (anos 30, 40 e 50), formada por educadoras que ficam no país, mas são perseguidas e se recolhem em exílio interior, a que se juntaram as mulheres estrangeiras, judias, que chegam a Portugal, fugidas da perseguição nazi e em trânsito para os USA; a segunda geração (anos 60 e 70), constituída por mulheres que saem de Portugal, perseguidas pelo salazarismo e/ou acompanham os companheiros que fogem ao serviço militar compulsório em África, na guerra colonial. O exílio provoca identidades estilhaçadas, que se reconstroem e recompõem com as condições de vida. Enriquecidas por múltiplas experiências, estas mulheres regressaram a Portugal com o 25 de abril de 1974 e desempenharam um papel fundamental na consolidação da democracia e na construção da ciência e da escola pública.

**Palavras-chave:** Género, história das mulheres, exílios, guerra colonial, democracia

**ABSTRACT:** This study takes gender as a category of historical analysis and analyses the lives and work of women educators who lived and went into exile during the Portuguese Estado Novo, the totalitarian regime headed by Salazar (1926-1974). These women were teachers or educators who produced professional and political discourses and acted against the regime and in defence of a democratic and free school and society. Today we commemorate their lives and the fundamental role they played against the backwardness of Salazarism, the censorship of all forms of expression, the repression of the political police and the colonial war. Salazar's authoritarian regime kept women teachers under strict ideological control. Two generations of exiled teachers can be identified: the first generation (1930s, 1940s and 1950s), made up of teachers who stayed in the country but were persecuted and went into exile, joined by foreign Jewish women who arrived in Portugal fleeing Nazi persecution and travelling to the USA; the second generation (1960s and 1970s), made up of women who left Portugal, persecuted by Salazarism and/or accompanying their comrades fleeing compulsory military service in Africa during the colonial war. Exile leads to shattered identities that are reconstructed and reassembled through the conditions of life. Enriched by multiple experiences, these women returned to Portugal with the 25th of April 1974 and played a fundamental role in consolidating democracy and building science field and public schools.

**Keywords:** Gender, women's history, exile, colonial war, democracy.

O sentido do termo «refugiado» mudou connosco. Agora «refugiados» são aqueles de nós que chegaram à infelicidade de chegar a um novo país sem meios e tiveram que ser ajudados por comités de refugiados (...)

A história da nossa luta finalmente tornou-se conhecida. Perdemos a nossa casa o que significa a familiaridade da vida quotidiana. Perdemos a nossa ocupação o que significa a confiança de que tínhamos algum uso neste mundo. Perdemos a nossa língua o que significa a naturalidade das reacções, a simplicidade dos gestos, a expressão impassível dos sentimentos. Deixámos os nossos familiares nos guetos polacos e os nossos melhores amigos foram mortos em campos de concentração e tal significa a ruptura das nossas vidas privadas.

Hannah Arendt (1943). Nós, refugiados

## Introdução

O género assume uma função fundamental como categoria de análise histórica (Scott, 1986), interessando-nos compreender o lugar que as mulheres ocupam, num determinado tempo e no seu contexto de vida. Neste sentido, a produção de discursos próprios (ou de testemunhos sobre elas, as mulheres em estudo) e sua interpretação assume um papel central na compreensão dessas personalidades femininas – as mulheres educadoras que, vivendo e ensinando sob o regime político do Estado Novo, foram forçadas ao exílio para manter a sua individualidade, personalidade e forma de vida.

Estas mulheres são obrigadas a partir para o exílio em outras cidades e países, mas há uma primeira geração, entre os anos trinta e quarenta, mesmo nos anos cinquenta, que permanece em Portugal e vive em exílio interior (Cagnolati, Rabazas, Robles, 2023)

— ocupam o seu espaço na terra pátria e habitam com os seus concidadãos, mas não exprimem publicamente as suas ideias, sonhos ou formas de vida e trabalho, remetendo-se à esfera privada e não assumindo, pelo menos de forma visível, o seu pensamento. O forte controle do regime político salazarista, as formas de repressão através da polícia política e da censura prévia sobre todas as formas de expressão condicionavam a liberdade das mulheres e limitavam fortemente a sua atuação no espaço público.

## O REGIME AUTORITÁRIO SALAZARISTA E O PAPEL DAS PROFESSORAS. OS CAMINOS DO EXÍLIO

O regime tutelado pela figura de António de Oliveira Salazar vigorou em Portugal entre 1926 e 1974, sendo caracterizado por valores conservadores, católicos e autoritários e impondo um forte controle sobre a sociedade, em que os professores, como funcionários ao serviço do Estado, eram particularmente visados. O universo docente era maioritariamente composto por elementos femininos (principalmente as professoras que se dedicavam ao ensino dos alunos com as idades mais baixas) e sobre estas mulheres faziam-se sentir de forma particularmente apertada as modalidades de vigilância e controle do regime.

A arquitetura legal consagrava os dispositivos de repressão (polícia política, redes de informadores desta polícia e censura sobre todas as formas de expressão), levando os cidadãos e cidadãs a exercerem uma autovigilância para não serem identificados. Este processo de autorrepressão era a expressão do medo, que dominava a população e condicionava as suas formas de vida, impondo-lhes o silêncio.

A formação de professores foi reestruturada para promover a formação de docentes que obedecessem aos princípios do regime. A escola era concebida como a «sagrada oficina das almas», nas palavras de Salazar, e o papel das professoras era educar meninas e jovens para serem «boas esposas, boas donas de casa, boas mães» (fadas do lar). O particular controle sobre as professoras começava nas escolas de formação, à imagem do regime. Além dos saberes e competências próprios da profissão, exigia-se às professoras um comportamento social e moral exemplar, devendo estas dar particular importância à forma como se apresentavam quanto a vestuário (que elas próprias confecionavam, em muitos casos), não devendo usar pinturas, nem frequentar lugares públicos, nem se fazerem acompanhar de companhias masculinas (exceto se da família próxima, como pai ou irmão). O controle exercido pela hierarquia educativa, mas também pela sociedade (nomeadamente os pais dos alunos) era significativo, mas o controle sobre estas mulheres exprime-se principalmente na proibição de casarem sem a prévia autorização política do Ministro da Educação Nacional. Aliás, elas não podiam casar com um homem que tivesse salário ou rendimentos inferiores ao seu próprio salário...

Neste contexto, há professoras que seguem os caminhos do exílio. Na identificação destas mulheres foi definido um eixo central que é o próprio país – é em Portugal que ficam, ou é aqui que chegam, ou é de Portugal que partem. Depois, este estudo é sobre mulheres, é sobre exílios no feminino, não se tendo considerado, por isso, o testemunho de homens que se debruçaram sobre percursos de exílio semelhantes.

As educadoras em exílio que se identificaram eram em número apreciável e foi necessário estabelecer critérios para a sua seleção. Na primeira geração de exiladas, que vivem em exílio interior, domina a figura de Irene Lisboa e esta está acompanhada de Maria Batista Moreira, que representa as professoras que silenciavam no seu foro íntimo muitas das suas ideias; duas mulheres, alemãs e judias, Hannah Arendt e Ilse Losa, representam o fluxo de refugiados que procuram Portugal na esperança de seguir para os Estados Unidos. A década de sessenta assiste a uma segunda geração de mulheres a caminho do exílio, a isso obrigadas para fugirem à perseguição política ou porque querem acompanhar os seus companheiros, que fogem ao serviço militar obrigatório na guerra colonial em África. De entre estas mulheres selecionámos três, seguindo os critérios de uma por cada lugar de exílio (Bruxelas, Genebra e Paris) e a importância que estes locais tiveram na sua formação: Helena Cabeçadas, Ana Benavente e Teresa Rita Lopes. Elas terão papéis de relevo no pós 25 de abril de 1974, na construção da ciência e da escola pública e democrática. Outras mulheres exiladas podiam ter integrado esta galeria (como Helena Pato ou Emília Brederode Santos), mas foi necessário restringir o universo estudado.

## Elas, as mulheres que ficam... (primeira geração, exílios interiores)

Durante a fase inicial do Estado Novo, as professoras e educadoras não partiam para o exílio, permaneciam em Portugal e desempenhavam as suas funções profissionais dentro do espírito da lei e do regime. No entanto, algumas demostram a sua particular personalidade e perfil cultural, político e profissional, evidenciando de forma mais ou menos evidente uma conceção afirmativa do exercício da profissão docente.

A mais significativa destas professoras foi Irene Lisboa. Irene nasceu em Arruda dos Vinhos (1892) e morreu em Lisboa (1958). Diplomada pela Escola Normal Primária de Lisboa, onde dirigiu, como aluna, o jornal «Educação feminina», exerceu a profissão na capital até ao momento em que, juntamente com a sua colega e amiga Ilda Moreira, aceita o desafio de reger classes de ensino infantil criadas nas escolas oficiais. O alto mérito do seu trabalho não tarda a ser reconhecido. As suas classes infantis são visitadas por estudantes e professores da Escola Normal, passando a servir como centros de estágio de que Irene Lisboa era orientadora - ela própria adquiriu o título de educadora mediante a apresentação aos exames finais do curso. Em 1930 vai para Genebra, com uma bolsa do Instituto de Alta Cultura, realizando estudos de ciências da educação no Instituto Jean-Jacques Rousseau, onde conhece Claparède e Jean-Piaget, entre outros pedagogos. Nesta missão, visita instituições educativas na Bélgica, ligadas à orientação de Decroly, e jardins de infância em Paris. Confessará ter sido um período difícil da sua vida pessoal, devido às dificuldades de adaptação às elevadas exigências científicas dos meios universitários onde estudava e ao seu próprio isolamento em país estrangeiro; no entanto, é também um período extremamente enriquecedor.

Regressa a Portugal e os relatórios que escreve sobre a sua missão pedagógica no estrangeiro (1933) constituem do melhor que podemos ler hoje acerca das instituições visitadas e das bases doutrinais em que se fundavam, nas palavras de Rogério Fernandes. Tendo sido extintas pelo Estado Novo as classes infantis, Irene Lisboa entra para a Inspecção, onde desenha um programa consagrado ao apoio pedagógico aos professores em exercício e que reformulava profundamente as funções de um órgão estatal até aí consagrado exclusivamente ao controlo ideológico, administrativo e disciplinar dos docentes. A suas ideais colidiam com o regime e Irene Lisboa é compulsoriamente aposentada, renunciando então a qualquer intervenção a nível oficial e iniciando um exílio interior. Restaram-lhe a imprensa, o livro, a conferência. As suas intervenções têm esses suportes, mas convém não esquecer que o controle da censura, exercida pela ditadura salazarista sobre todas as formas de expressão não lhe permitiu a afirmação das suas opiniões com toda a clareza. A ironia, a fina ironia, foi a sua arma.

António Nóvoa (2022: 13) considera que «Irene Lisboa é a mais importante educadora na história do ensino e da pedagogia em Portugal», invocando a comparação com as outras mulheres (cerca de cem) incluídas no *Dicionário dos Educadores Portugueses*. Para tal, foram considerados quatro critérios que revelam a capacidade de Irene Lisboa aliar: i) uma formação profissional qualificada, no país e no estrangeiro; ii) um trabalho docente especializado; iii) uma reflexão pedagógica inovadora; iv) uma ação pública de divulgação dos temas educativos.

O exílio interior de Irene Lisboa é, no entanto, e apesar da intensidade com que foi vivido, um estado de espírito que ocupa o espaço público e se deixa ver nos seus escritos, conferências e intervenções diversas. O mesmo não se terá passado com outras professoras que silenciaram no mais profundo de si a revolta e a vontade de expressar a sua vontade e as suas ideias. Não duvidamos que a imensa maioria das professoras assumiu o papel que o Estado Novo lhes atribuiu, quer por crença própria, quer por quererem preservar a sua forma de vida em paz e sem problemas com o regime, mas certamente houve muitas que silenciaram no seu interior profundo ideias, visões do mundo e propostas que não quiseram expressar para se proteger a si e aos seus. Desistindo de ter uma voz própria, estas mulheres não deixaram evidências das suas posições e não podemos aceder ao seu pensamento.

Não sabemos quantas professoras se podem ter situado neste universo, mas uma chegou até nós trazida pela escrita de Maria José Remédios (2013), que resgatou a memória de Maria Batista Moreira (Lisboa, 1892-Carcavelos, 1988), professora de ciências e primeira reitora do Liceu D. Filipa de Lencastre. Ela recusou ocupar cargos de responsabilidade na instituição enquanto a mesma foi dirigida por um reitor, só passando a aceitar esses cargos quando uma vice-reitora (mulher) assumiu essas funções. Nomeada reitora deste liceu feminino (1929-1933), destacou-se pela dedicação e inteligência na sua direção. A seu pedido, cessou funções de reitora em 1933 e a partir desse ano não exerceu qualquer cargo, limitando-se ao estrito cumprimento das funções de lecionação. A sua nomeação para o Júri dos exames de estado levaram a que pedisse a exoneração, numa demonstração que não queria pactuar com o regime e com a situação estabelecida. Os registos das suas intervenções (Conselho Escolar) revelam a atenção aos seus alunos, a crítica lúcida dos programas em vigor, realizando visitas de estudo e colaborando nas palestras escolares com temas científicos. Recordada pelos seus descendentes pela inteligência, perseverança e enorme determinação, que lhe possibilitaram uma carreira profissional de sucesso, quando era de origens humildes, é definida como uma professora que entrava no Liceu para dar as aulas e imediatamente saía quando as terminava. Sem nunca o assumir, tinha posições contra a política oficial: proibia os sobrinhos de adquirir o fardamento da Mocidade portuguesa e afastava-os das atividades obrigatórias desta organização. Também recusava a religião oficial, não frequentava a missa e a sua biblioteca revela uma mulher culta, de interesses diversificados, que frequentava a ópera, o teatro e exposições de arte, saindo anualmente para o estrangeiro. No fundo, vivia um exílio interior, rico em vivências privadas, mas que eram invisíveis no espaço público, não chamando a atenção dos dispositivos de vigilância política.

## ELAS, AS MULHERES QUE CHEGAM...
(PRIMEIRA GERAÇÃO, fungindo ao nazismo)

Nas deslocações de refugiados que fogem á perseguição do regime nazi, há um importante fluxo que passa por Portugal e que procura alcançar os EUA. Entre eles encontram-se duas mulheres educadoras que, por diferentes razões, se destacam no panorama da época.

No início de janeiro de 1941, Hannah Arendt (Linden, 1906 – Nova Iorque, 1975), chega a Lisboa, após um longo processo de exílio, que se tinha iniciado com a detenção em Berlim, pela Gestapo, em 1933. Libertada, Hannah Arendt foge para França, onde viveu nos círculos dos exilados alemães e onde foi internada no campo de concentração de Gurs. Quando a França é ocupada pelos nazis, Arendt e o marido E. Blücher conseguem fugir e tomar o comboio para Lisboa. Nesta cidade, Arendt viveu na Rua da Sociedade Farmacêutica, n.º 6, até à sua partida para Nova Iorque, a 10 de maio de 1941, no paquete *Guiné*, da Companhia Colonial de Navegação.

Tavares (2018), Hannah Arendt viveu em Lisboa em depressão profunda, marcada pelo suicídio do seu amigo Walter Benjamin, cujo manuscrito das *Teses sobre a Filosofia da História* ele lhe confiara e certamente ela leu durante a sua estadia na capital portuguesa, enquanto lutava contra a depressão e esperava pelos documentos e passagens para Nova Iorque. Arendt falou pouco e quase não escreveu sobre a sua passagem por Lisboa. O diplomata brasileiro Celso Lafer, lembra-se de ela lhe dizer que descobrira conseguir ler e entender os títulos dos jornais em português. No entanto, esta passagem não foi apenas parte do percurso que lhe salvou a vida, «a influência da estada paralisante em Lisboa, do seu peso emocional, do seu desespero surdo» terá repercussões e influenciará o extraordinário ensaio *Nós Refugiados*, de «1943 e que deveria ser leitura comum pelo menos nas escolas europeias» (Tavares, 2018: 2).

Judia e apátrida desde 1937, quando lhe foi retirada a cidadania alemã pelo nazismo, Arendt obterá a cidadania norte-americana em 1951. Segundo a sua biógrafa Courtine-Denamy, o casal desembarcou nos EUA com 25 dólares no bolso. Nenhum dos dois sabia falar inglês, contudo alguns dos mais inspiradores estudos de teoria e filosofia política do século XX foram aí escritos em língua inglesa por Hannah Arendt. Os lugares de Lisboa em que viveu e que percorreu deviam constituir-se em lugares de memória.

Seguindo um percurso semelhante e pelas mesmas razões, Ilse Lieblich, depois Ilse Losa (Buer-Melle, 1913-Porto, 2006), exilou-se no Porto, onde chegou em 1934 e pensava seguir para os EUA. No entanto, no ano seguinte casou-se com Arménio Taveira Losa, adquirindo a nacionalidade portuguesa e em Portugal permanece. Adopta o português como sua língua e nela se exprime para publicar uma extensa obra literária, predominando a literatura infantil, mas também romances, contos, crónicas, trabalhos pedagógicos, assim como traduções de autores relevantes, como o icónico *Diário de Anne Frank*. Militante antifascista e anti bélica, colaborou em diversos jornais e revistas, alemães e portugueses e foi pioneira no ensino da Literatura para a Infância e Juventude, lecionando na Escola do Magistério Primário do Porto. Foi distinguida com o Grande Prémio Gulbenkian (1984) pelo conjunto da sua obra para crianças.

## ELAS, AS MULHERES QUE PARTEM... (SEGUNDA GERAÇÃO, as construtoras da ciencia e da escola pública e democrática)

As mulheres que partiram para o exílio na década de sessenta, fugindo à perseguição política e/ou seguindo os companheiros que fugiam à guerra colonial, para não cumprirem o serviço militar obrigatório em África, estabelecem-se nas principais cidades europeias de refugiados portugueses: Bruxelas, Genebra e Paris. As três personalidades que aqui apresentamos representam uma geração de muitas outras mulheres que fizeram este percurso (Pato, 2022), distinguindo-se da geração anterior pela capacidade de tomar decisões, afrontar publicamente o regime estabelecido, resistir ás suas formas de repressão e ter a coragem de buscar outras geografias que lhes permitiam a continuidade das suas vidas em liberdade.

Helena Cabeçadas (Lisboa, 1947) exilou-se em Bruxelas, entre 1965 e 1975, e foi talvez a mais jovem das exiladas políticas portuguesas, tendo seguido sozinha para o exílio com 17 anos. Estudou nos Liceus femininos de Lisboa, mas também participou nas revoltas estudantis universitárias contra o regime fascista, tendo sido expulsa de todas as escolas portuguesas e impedida de terminar o último ano do ensino secundário. Em Bruxelas, estudou na Universidade Livre, onde tirou a Licenciatura em Ciências Sociais (Antropologia) e Pós-graduação em Ciências do Trabalho (Aranha e Ademar, 2018; Cabeçadas, 2014; Marques, 2020). O seu exílio terminou com o 25 de Abril. Militante comunista, afasta-se após a invasão de Praga; foi fortemente marcada pelo Maio de 68, que viveu diretamente, e pela Revolução dos Cravos, assim como pelas comunas em que participou e de que se afastou posteriormente. Já no Portugal democrático, exerceu funções docentes em várias universidades de Lisboa, dos EUA e em Macau e esteve na formação do «Centro de Estudos e Profilaxia da Droga». Após trinta anos consultou o seu processo nos arquivos da polícia política PIDE e emocionou-se ao encontrar as suas cartas, que aquela polícia apreendera quando era uma adolescente.

Ana Benavente nasceu no Cartaxo rural, em 1945, e viveu em exílio em Genebra (1965-1974). Antes, em Lisboa, frequentou o Internato Sidónio Pais, o Liceu e a Faculdade de Letras da Universidade de Lisboa. Partiu para o exílio, acompanhando o marido que fugia à guerra colonial. Nos primeiros três anos apenas trabalhou, mas em 1968 obteve uma bolsa para refugiados e passou a estudar Psicologia no Institut Jean-Jacques Rousseau, dirigido por Jean Piaget. Foi convidada para monitora e depois assistente da instituição, que se transformará na Faculdade de Psicologia e Ciências da Educação de Genéve, onde é licenciada em Ciências da Educação em 1970 e doutorada em Sociologia da Educação em 1985. Viveu intensamente o Maio de 68 e regressa a Portugal em 1974, após a Revolução dos

Cravos (Aranha e Ademar, 2018; Felgueiras e Amaral, 2011). Foi Secretária de Estado da Educação (1995-2001) e pertencem-lhe algumas medidas emblemáticas, como o ensino recorrente e a gestão flexível do currículo. Especialista em literacia, é investigadora principal aposentada do ICS – Universidade de Lisboa, ensinou em várias instituições de ensino superior e desempenha ainda hoje vários cargos.

Paris é o local de exílio (1963-1976) de Teresa Rita Lopes, que nasceu em Faro, em 1937. Sob pena de ser presa pela polícia política, partiu do país e a ela se juntariam, mais tarde, os filhos e a mãe, que deixara em Portugal. Frequentou a Sorbonne, com uma bolsa da Fundação Calouste Gulbenkian, onde obteve a Licenciatura em Filologia Românica e onde se doutorou com uma tese sobre Fernando Pessoa (Aranha e Ademar, 2018). A sua carreira de investigação é dedicada preferencialmente ao estudo da obra deste poeta, cujo espólio permanece em Portugal devido à enérgica ação de Teresa Rita contra a sua saída do país. É professora catedrática aposentada de Literaturas Comparadas na Faculdade de Ciências Sociais e Humanas da Universidade Nova de Lisboa. A sua produção literária vai desde a poesia ao teatro, para além de inúmeros ensaios sobre literatura, em que avultam os estudos sobre Fernando Pessoa.

## Concluindo...

As mulheres que representam a primeira geração viveram em exílio interior, a forma que encontraram para continuarem as suas vidas numa situação de repressão e autoritarismo, remetendo para o interior de si e para a esfera privada ideias, sonhos e práticas. Desta forma, puderam continuar a habitar o território que lhes era conhecido e querido. As mulheres judias que aportaram a terras portuguesas, na sua fuga ao nazismo, estiveram de passagem a caminho da América ou, ficando, permaneceram por opção, vivendo as mesmas circunstâncias das mulheres portuguesas que se situavam, explicitamente, ou não, no campo da oposição ao regime. O contributo das mulheres desta geração é fundamental para a compreensão do perfil das educadoras deste tempo, nos anos trinta, quarenta e cinquenta, onde avulta a figura de Irene Lisboa.

Por seu lado, as mulheres da segunda geração, dos anos sessenta, que partiram para o exílio regem-se por novos comportamentos e autonomias. Partem para fugir à perseguição política pelas ideias que defendem, mas também procurando uma vida melhor, com liberdade e com mais condições de formação e de trabalho.

As circunstâncias que encontram nos países de acolhimento são duras. Elas têm de desempenhar trabalhos desqualificados no exílio, atendendo à sua formação, para sobreviver: fazer limpezas, servir em restaurantes (nomeadamente em restaurantes universitários, ao almoço e/ou ao jantar), trabalhar em fábricas e escritórios, dedicando-se à datilografia de sebentas, a empacotar jornais, etc. No fundo, o que surgia e lhes permitia manterem-se nos países de acolhimento.

Neste contexto, o papel das bolsas de estudo (para refugiados ou da Fundação Calouste Gulbenkian) foi fundamental, permitindo que algumas das exiladas prosseguissem a sua formação, como é o caso das três professoras que selecionámos.

Por seu lado, as redes de sociabilidades entre os exilados, nos três principais centros de do exílio, são fundamentais no acolhimento, apoio e suporte aos portugueses que se encontram nesta situação. Eles são a continuação do país que ficou para trás e onde não podem regressar sob pena de serem presos, a pátria possível que encontram no local de exílio. Estas redes alimentam também a luta política ao regime salazarista a partir de fora e têm uma importante função nesse campo, organizando as diferentes fações que se encontravam entre os exilados.

A consciência possível que estes exilados políticos têm da situação em Portugal, na Europa e no mundo coloca-os na trajetória dos emigrantes portugueses económicos, que, sem motivos de natureza política, procuram melhores condições de vida nos países desenvolvidos. Junto deles desenvolvem ações de apoio e estes contextos permitem também o uso mais generalizado da língua portuguesa e de ações de formação, ajudando na integração dos emigrantes nas sociedades europeias de acolhimento. A língua funciona como um importante fator de coesão entre estes emigrados.

As mulheres que seguiram para o exílio na década de sessenta tinham, na maior parte dos casos, a sua formação superior incompleta. É nas universidades das cidades que as acolhem que prosseguirão os seus estudos e completam a sua formação. Regressadas a Portugal após o 25 de Abril de 1974, terão um papel crucial na construção da democracia. Estas mulheres têm, nos seus percursos, processos de identidades estilhaçadas (quando partem e deixam Portugal) e de identidades reconstruídas (nos países que as acolhem), para voltarem a um processo de reconstrução de identidades ao regressarem a Portugal. Claramente influenciadas pelos movimentos revolucionários dos anos sessenta e setenta, com o maio de 68 e o 25 de Abril 1974 – a revolução dos Cravos –, regressam e instalam-se definitivamente em Portugal, onde desenvolvem o seu trabalho e (re)fazem a sua vida. Elas têm um papel fulcral na construção da nova sociedade democrática, mas esse papel não é hoje evidente – as vozes que ouvimos, vemos e lemos são predominantemente masculinas. Do seu ponto de vista, estas mulheres não deixam de afirmar o «estranhamento» que sentiram perante o país reencontrado, tão diferente das sociedades desenvolvidas em que viveram em exílio.

O papel fulcral destas mulheres na construção da democracia, na afirmação da liberdade, na edificação da escola pública para Todos (veja-se a ação fundamental de Ana Benavente) e na constituição do campo científico (em exemplo evidente é o contributo de Teresa Rita Lopes) na universidade tem de ser resgatado e tornado público de forma clara.

Elas são portadoras de exemplares (no sentido de exemplo, exemplaridade) memórias do exílio e as memórias das mulheres em exílio têm de ser divulgadas – para que não se apaguem da nossa memória e para que recordemos os passados dolorosos que não queremos que regressem. A transmissão geracional é fundamental e a divulgação destes percursos exemplares têm de ser realizados junto das jovens gerações. Se queremos celebrar a democracia e a liberdade, é com estas mulheres que devemos (também) celebrar.

## Referencias bibliográficas

Aranha, Ana e Ademar, Carlos (2018), *Memórias do exílio*, Lisboa, Parsifal.

Arendt, Hannah (1943), *Nós, os refugiados*, [tradução de Ricardo Santos, Universidade da Beira Interior, 2013].

Cabeçadas, Helena (2014), *Bruxelas, Cidade de Exílios*, Lisboa, Chiado Books.

Cagnolati, Antonella; Rabazas, Teresa; Robles, Victoria, «Totalitarismos y exilio interior en las educadoras del siglo XX. Introducción», *Historia y Memoria de la Educación*, n.º 17 (2023), pp. 11-27.

Felgueiras, Margarida Louro e Amaral, Anabela (2011), «Entrevista a Ana Benavente», en Felgueiras, Margarida Louro; Costa Rico, Antón (org.), *Exílios e viagens: ideários de liberdade e discursos educativos: Portugal-Espanha séc. XVIII-XX*, Porto, SPCE/SEDHE, pp. 217-228.

Marques, Pedro (2020), *Entrevistando: Helena Cabeçadas*, Projecto Vidas e Obras, em 4 de Fevereiro.

Nóvoa, António, «Prefácio», en Lisboa, Irene, *A escola do meu coração*, Organização e texto introdutório de Jorge da Cunha; prefácio de António Sampaio da Nóvoa, Vila Nova de Poiares, iCreate, 2022, pp. 13-16.

Pato, Helena (2022), *A noite mais longa de todas as noites, 1926-1974*, Lisboa, Colibri.

Remédios, Maria José, «Maria Batista Moreira», en Esteves, João; Castro, Zília Osório (dir.), *Feminae: Dicionário Contemporâneo*, Lisboa, Comissão para a Cidadania e a Igualdade de Género, 2013, pp. 513-516.

Resende, Amélia; Abrantes, Beatriz; Marques, Fernanda Oliveira; Cabeçadas, Helena; Rato, Helena; Pimentel, Irene; Santos, Maria Emília Brederode (2023), *Exílios no Feminino - Sete percursos de luta e de esperança*, Porto, Edições Afrontamento.

Scott, Joan Wallach, «Gender: A Useful Category of Historical Analysis», *The American Historical Review*, n.º 91, vol. 5 (1986), pp. 1053-1075. Url: doi:10.2307/1864376

Tavares, Rui, «Hannah Arendt em Lisboa», *Público*, 10 de Dezembro de 2018, pp. 1-3.

# LAS EDUCADORAS DURANTE LAS DICTADURAS DE PRIMO DE RIVERA Y FRANCO
## Estado de la cuestión *

Isabel Grana Gil
*Universidad de Málaga*

**Resumen:** Las mujeres han formado parte de la construcción de nuestra historia del mismo modo que lo han hecho los hombres y, sin embargo, sus figuras, acciones y voces han sido silenciadas y olvidadas de manera sistemática y especialmente durante los periodos dictatoriales. El objetivo del capítulo es dar a conocer la importancia de las educadoras en periodos de nuestra reciente historia tan poco favorables para las mujeres, como son las dictaduras de los generales Primo de Rivera y Franco a lo largo del siglo XX en España. Para estos periodos se puede afirmar que las educadoras forjaron una multiplicidad de vínculos con ambas dictaduras y contra ellas, que hoy es necesario estudiar con cautela. Para ello, entendemos que estos periodos totalitarios no fueron uniformes, y afectaron, alentaron y limitaron el avance pedagógico y la libertad vital de muchas educadoras que reaccionaron desde planos distintos: bien desde un sentido de oposición al régimen, apelando a la justicia que merecían, o bien forjando alianzas estratégicas con los gobiernos. En general se puede afirmar que las docentes del magisterio primario secundario y las de las Escuelas Normales, hallaron

\* Este trabajo se ha desarrollado gracias al proyecto del Ministerio de Ciencia e Innovación: *Totalitarismos y exilio interior de las educadoras en España (1923-1975): silencios, resistencias y resignificaciones* (PID2019-105817GB-100), dirigido por las profesoras Teresa Rabazas y Victoria Robles. Igualmente, ha contado con subvención del proyecto de la Universidad de Málaga: *Genealogía de educadoras en los totalitarismos en España (1923-1975). memoria de la educación y opresión de las maestras, directoras e inspectoras*, dirigido por la profesora Isabel Grana.

respaldo para sus convicciones en movimientos internacionales, feministas y específicamente pedagógicos, siendo protagonistas de un reformismo pedagógico que cuestionó el sistema de género impuesto.

**Palabras clave**: Educadoras, Dictaduras, España, Siglo xx.

**ABSTRACT:** Women have been part of the construction of our history in the same way as men have been, and yet their figures, actions and voices have been systematically silenced and forgotten, especially during dictatorial periods. The aim of this chapter is to contribute to raising awareness of the importance of women educators in periods of our recent history that were so unfavourable to women, such as the dictatorships of Generals Primo de Rivera and Franco throughout the 20th century in Spain. For these periods, it can be said that women educators forged a multiplicity of links with and against both dictatorships, which today needs to be studied with caution. To this end, we understand that these totalitarian periods were not uniform, and that they affected, encouraged and limited the pedagogical progress and vital freedom of many women educators who reacted on different levels: either from a sense of opposition to the regime, appealing to the justice they deserved, or forging strategic alliances with the governments. In general, it can be affirmed that the teachers of the primary and secondary schools found support for their convictions in international, feminist and specifically pedagogical movements, being protagonists of a pedagogical reformism that questioned the imposed gender system.

**Keywords:** Women educators, Dictatorships, Spain, 20th century.

## Introducción

Desde hace un tiempo no se discute que la historia escrita dice poco sobre lo que realmente ocurrió. Hay otras interpretaciones. Se reconoce y entiende como parcialidad la construcción de un relato histórico que prescinda del 50% de la población. Por eso, hablar de la historia de las mujeres no es nuevo y tampoco lo es hablar de la historia de la educación de las mujeres, tanto a nivel internacional como en España.

La historiografía en general, y la de la educación en particular, han estudiado de manera escasa y fragmentada los efectos y consecuencias de las dos dictaduras españolas del siglo xx —la dictadura de Miguel Primo de Rivera y la de Francisco Franco— sobre las educadoras. Debemos matizar que la escasa duración de siete años de dictadura primorriverista no puede ser comparable con los casi cuarenta años del régimen franquista, y la represión vivida en este periodo de larga duración en la historia de nuestro país. Sin embargo, en ambos casos, se trató de regímenes totalitarios políticos, ideológicos, pedagógicos y culturales coercitivos para todas las mujeres.

Si bien, estas dictaduras presentaron diferencias, en ambos casos se dio un modo de dominación nuevo (Arendt, 2006) basado en la destrucción de las instituciones y grupos sociales, en la construcción de una visión ficticia del mundo y en la implantación del miedo como instrumento ideológico de parálisis social. Al igual que otros regímenes totalitarios europeos, en nuestro país se produjeron multitud de situaciones de castigo, destierro y exilio que supusieron un destacable impacto en la pérdida de valores y derechos humanos, que afectaron de manera particular a las mujeres y a las educadoras.

Una razón por la que la historiografía sobre las educadoras a lo largo de los dos regímenes totalitarios españoles del siglo xx sea tan escasa puede haber sido la poca consideración que ha tenido la categoría género en la explicación de estos sistemas no democráticos y sus efectos en las educadoras (Grana y Robles, 2007).

Partiendo de esa base, el objetivo del capítulo es dar a conocer la importancia de las educadoras dentro de las dictaduras de Primo de

Rivera y Franco, fundamentalmente a través de las distintas publicaciones que han ido realizando los investigadores del proyecto: *Totalitarismos y exilio interior de las educadoras en España (1923-1975): silencios, resistencias y resignificaciones,* desarrollado entre 2020 y 2024.

El equipo ha estado compuesto por docentes de diversas universidades de España que hemos venido trabajando la educación femenina, fundamentalmente en la dictadura franquista, y últimamente también en la dictadura de Primo de Rivera, dentro de las que nos han interesado especialmente los movimientos feministas y la importancia de las mujeres dentro de ambas dictaduras. Partiendo de esa base, cuando nos planteamos el proyecto, vimos que era necesario conocer las trayectorias de las educadoras, es decir, sacar del olvido y, por tanto, visibilizar a aquellas educadoras silenciadas únicamente por ser mujeres y obligadas a vivir un exilio interior en muchos casos. Es decir, recuperar sus nombres, pues como manifiesta Martín Jiménez (2004), el nombre es lo más sagrado, y sobre todo queremos que esos silencios se llenen de sonidos, y eso sólo podemos hacerlo conociendo las biografías de las educadoras que durante mucho tiempo han estado silenciadas e invisibilizadas en periodos de nuestra reciente historia tan poco favorables para las mujeres en general, como son las dictaduras, y más concretamente en las de los generales Primo de Rivera y Franco a lo largo del siglo XX en España[1].

## LA DICTADURA DE PRIMO DE RIVERA

El periodo primorriverista se caracterizó por su identidad autoritaria, por rasgos tan inequívocos como la censura de la prensa, la prohibi-

---

1.    Parte de este capítulo se ha publicado en Grana Gil, Isabel y Redondo Castro, Cristina (2024), «Educadoras durante las dictaduras del siglo XX. Silencios que se llenan de sonidos», en el que hemos incidido en las biografías de educadoras concretas, desde las maestras, profesoras de secundaria (instituto y escuelas normales), hasta las de inspectoras y directoras, en ambas dictaduras.

ción de los partidos políticos, el antiparlamentarismo, su comunión con la Iglesia católica y con el ejército, a lo que hay que añadir la supresión de un derecho fundamental como la libertad de cátedra.

Victoria Robles y Teresa Rabazas (2023) han profundizado en la investigación sobre el exilio interior de las educadoras en los totalitarismos españoles del siglo XX. El análisis de la misma muestra los mecanismos de reacción de algunas profesoras ante el control, caciquismo y punitivismo que se ejerció sobre el magisterio durante este régimen. En su investigación muestran que, en las relaciones de las educadoras con el periodo primorriverista y sus mecanismos de reacción ante aquel régimen totalitario, la dictadura apuntaló la culpabilidad de maestras mientras no demostraran que eran inocentes. Del mismo modo forzó la adhesión de la profesión docente al régimen a través de la sanción, el control y el punitivismo con el que respondió a las dificultades e incorrecciones en sus enseñanzas, sus ideas y en sus formas de vida. A muchas de ellas se les señaló por insubordinadas, mujeres de dudosa moral, poco afines al sentido patrio instaurado por el Directorio militar, poco dóciles o incompetentes.

Para ello, el régimen se dotó de instrumentos de control ideológico y de prohibición, que en el marco de la política educativa se evidenciaron a través de la R.O. del 12 de noviembre de 1924, que amenazó y sancionó a maestras y maestros nacionales y municipales por dar opiniones opuestas a la Unidad de la Patria (López, 1994) o con la promulgación de la Real orden de 13 de octubre de 1925 sobre propagandas antipatrióticas y antisociales, de importantes consecuencias sobre el profesorado que no mostró la senda del bien y del orden social, abriéndose expedientes sancionadores a miembros de todos los cuerpos docentes. Esta línea de estudio ha dado frutos a partir de los trabajos iniciados por la profesora Carmen Agulló, (Agulló, 2003, 2008 y 2022 y Martorell, Marqués y Agulló, 2018). De los expedientes se desprende que, en los procesos contra la libertad de cátedra entablados contra mujeres, en este caso, durante la dictadura de Primo de Rivera, ciencia y género van unidos, y se las castiga tanto por su transgresión ideológica como, sobre todo, por defender para las mujeres un modelo de educación igualitario y crítico, al mismo tiempo que reivindican su autoridad y su no sometimiento a criterios masculinos.

Dentro del clima de represión y control ejercido por la Dictadura de Primo de Rivera, Agulló (2022 y 2023) también ha estudiado el ejercido sobre la inspección de primera enseñanza, del que cabe enmarcar la promulgación de la R.O. de 19 de abril de 1928 que implicó el traslado forzoso de sus destinos a diecisiete de sus miembros. Fueron apartadas de sus destinos y desplazadas de sus ciudades de residencia, obligadas a reiniciar sus prácticas profesionales en un entorno adverso, sobrevivieron al exilio interior compaginando una actitud de protesta ante su injusta situación, con una intensa actividad profesional, vinculada con la renovación pedagógica.

El régimen militar también crearía la figura de los delegados gubernativos, una figura de naturaleza militar que tenía como objetivo supervisar la labor de la propia inspección educativa, en una suerte de inspección superior de carácter marcadamente ideológico (Camacho, 2019). Con ella, el régimen culminaría con un férreo control político que obligaría a la inspección a colaborar con las autoridades locales para supervisar y visitar las escuelas (López, 1995), llegando estas a inmiscuirse en algunas de sus competencias, como «visitar las escuelas, la jurisdicción sobre las Juntas locales de primera enseñanza, los edificios escolares, las viviendas e incapacidades para la enseñanza de maestros y maestras, la supervisión de las memorias sobre el estado actual de la enseñanza, etc.» (Flecha, 2018: 210). Teresa Rabazas y Carlos Sanz (2022 y 2025) han estudiado un conjunto de las memorias de inspección que el Directorio ordenó realizar en agosto de 1924 para obtener información del estado de la enseñanza, que aportan una información muy valiosa sobre la práctica educativa en la España de Primo de Rivera y, específicamente, dentro de ella, el caso de la educación de la mujer —una práctica a menudo secundaria o ubicada en los márgenes—. A pesar de que su función inicial fuera un instrumento de control indirecto del magisterio —a través de la figura de los delegados gubernativos—, los autores defienden que estas fuentes proporcionaron una situación diagnóstica muy relevante sobre los problemas detectados por la inspección en las escuelas españolas.

Por otro lado, y a pesar de la presión del modelo patriarcal de domesticidad patriótico de Primo de Rivera, los estudios sobre la dictadura de Primo también están reflejando a las docentes como sujetos que, aun asumiendo la necesidad de la sociabilidad cultural femenina, fueron capaces de desarrollar conciencia política y pedagógica en sus prácticas formativas o en su ejercicio político como asambleístas, como han puesto de manifiesto Grana, Trigueros y Robles (2022).

En sus intervenciones en la Asamblea, a pesar de ser únicamente trece mujeres, y del poco tiempo del que dispusieron —apenas dos años—, las asambleístas no perdieron la oportunidad y expresaron una gran variedad de temas que les preocupaban.

Aunque las opiniones sobre el feminismo que se expusieron en la Asamblea diferían sensiblemente entre las propias congresistas, en su contribución coexistió un pensamiento paternalista y moral sobre el papel de las mujeres para el hogar, junto a otro más emancipador, en el que cabían las mujeres instruidas y capaces de ganar autonomía.

La mayor parte de las intervenciones estuvieron relacionadas con la educación y la beneficencia. Introdujeron una gran variedad de temas, todos ellos de gran calado: la obligatoriedad de la asignatura de Religión, del examen y el reconocimiento a los profesores de Religión de los mismos derechos que al resto; la necesidad de una mejor formación del magisterio; mayor inversión en educación paralela a la renovación de la enseñanza; la preocupación por la educación en las zonas rurales, en las que incluso llegaron a afirmar que debían ir los mejores maestros; la igualdad de oportunidades y la calidad educativa de las niñas, entre otros. Todos estos temas fueron básicos en el programa educativo de la Segunda República (Grana y Trigueros, 2018).

Dentro de este grupo que va a colaborar con la dictadura, sobresale la Institución Teresiana que forma parte de las iniciativas femeninas surgidas en España a principios del siglo XX y a la que pertenecían muchas de las Asambleístas. Esta organización experimentaría un rápido crecimiento en pocos años (antes de 1936 se extendió con rapidez a más de veinte ciudades españolas, además de Chile e Italia) y mucha influencia. En este momento está siendo objeto de estudio a través del análisis del *Boletín de la Institución Teresiana*, que se empezó a publicar en 1913 hasta la actualidad (Grana, Trigueros y Redondo, 2023 y 2024).

En general, para este periodo se puede afirmar que las educadoras forjaron una multiplicidad de vínculos con la dictadura y contra ella, que hoy es necesario estudiar con cautela (Agulló y Robles, 2024). Para ello, entendemos que este periodo totalitario no fue un régimen uniforme, sino que afectó, alentó y limitó el avance pedagógico y la libertad vital de muchas educadoras que reaccionaron desde planos distintos: bien desde un sentido de oposición al régimen, apelando a la justicia que merecían, o bien forjando alianzas estratégicas con el gobierno de Primo.

## LA DICTADURA FRANQUISTA

Actualmente asistimos a la necesidad de reescribir la Historia constantemente a la luz de los nuevos enfoques y conocimientos. Se está poniendo de manifiesto la premisa que, frente al inmovilismo pretendido por el régimen franquista sobre el papel de las mujeres en el cumplimiento de su rol subsidiario en todos los planos socioculturales, religiosos, laborales y políticos, las docentes generaron brechas de igualdad en las escuelas (Robles, 2018).

En este sentido, nos encontramos con líneas de estudio relativas a la depuración de las docentes. Conviene recordar que la finalidad de la depuración franquista además de punitiva fue ejemplarizante, convirtiéndose en un eficaz instrumento para silenciar, mediante la función preventiva y represiva, conductas políticas contrarias a los intereses del régimen o eliminar cualquier atisbo en defensa de los ideales educativos de la II República.

Entre quienes fueron silenciados, no sólo están todos los docentes, sino toda la sociedad atenazada por el miedo. Y el silencio lleva al olvido por parte de los propios protagonistas y, sobre todo, a la ignorancia de aquellos que no han vivido los hechos. La dictadura duró tanto que muchos de los que la padecieron, incluso muchos que supieron del padecimiento del padre, la madre, el hermano, el vecino, murieron sin poder ofrecernos su versión, porque mientras vivieron estaban obligados al silencio. Actualmente, se está empezando a «sacar del olvido» y, por tanto, «visibilizar» a aquellas educadoras silenciadas por ser sancionadas, pero sobre todo por ser mujeres y, descubrir y analizar la incidencia que tuvo esa acción represiva en sus vidas personales y quehacer profesional.

Algunos docentes, después de la guerra civil, se exiliaron a otros países donde pudieron continuar su proyecto educativo innovador y modernizador de la II República, a pesar de la dureza de la situación. Sin embargo, como señalaba Irene Castells, «la dura condición del exilio es aún más penosa para las mujeres, víctimas de un doble exilio: el político y la marginalidad que afrontan por el mero hecho de ser mujeres» (Castell, 2007: 268). Salvo excepciones, sigue diciendo, la historia de la mayoría de ellas ha estado silenciada por ser mujeres y por ser exiliadas anónimas, trabajadoras y gente corriente. Sin embargo, en los últimos años ese olvido ha comenzado a ser más social que académico.

Pero existe otro exilio, el interior o residencial, como lo denominó Paul Ilie (Antolín, 1981), con el que suele aludirse a aquellos maestros, profesores, científicos, intelectuales que optaron por quedarse dentro del territorio español: «El exilio es una segregación, una separación de la casa, del centro. Y es evidente que uno puede ser exiliado en su propio país, aunque viva en él» (Antolín, 1981). Este es menos conocido y su memoria ha estado prácticamente sepultada. Estos docentes del exilio interior fueron sometidos a unos procesos de depuración con castigos diversos, además de la cárcel, desde destierros a otras provincias, a la imposibilidad de ejercer provisionalmente su actividad, incluso de por vida (Fernández, 2019).

Las secuelas emocionales que supuso esta situación para quienes la sufrieron afectaron sus biografías. Mucho más en el caso de las mujeres, que además cargaban con el agravante del género. Todo esto exige preservar la memoria, y hacerlo esclareciendo y explicando el pasado para evitar que caiga en el olvido, reconstruyendo su identidad, su pasado, su vida, su nombre, todo eso que les hace únicos. Ese que sirve para distinguir a uno de los demás, que lo hace diferente, con su fama y su reputación.

Sobre este tema existen investigaciones sobre la represión del magisterio de enseñanza primaria y profesorado de Instituto, así como de Escuelas Normales en España a través de los procesos de depuración franquista llevados a cabo desde 1936 (Fernández Soria y Agulló, 1997, 1999a y 1999b; Grana, Martín, Pozo y Sanchidrián 2005; Grana y Martín, 2016; Ramos, 2005, 2006, 2013).

Estudiar esta realidad, como afirman Sanz y Sonlleva (2023), nos permite hacer otra lectura de las fuentes hasta ahora utilizadas para trabajar la represión docente y explorar nuevos caminos en la búsqueda de datos que nos den más pistas sobre lo vivido en aquel periodo. Estas acciones nos ayudarán a dar continuidad a temas clásicos de la historia educativa del siglo XX y a ampliar los horizontes de lo conocido en nuestra disciplina.

Como el estudio geográfico de la depuración del magisterio está muy avanzado cuantitativamente, actualmente se está procediendo a recuperar los nombres, tal como hemos comentado, y vamos conociendo cada vez más casos de maestras sancionadas durante la guerra civil. Miriam Sonlleva y Carlos Sanz (2020, 2022a, 2022b y Sanz y Sonlleva, 2023) se han ocupado de las maestras en Segovia y en Ávila, de las que nos dejan un listado con todos los nombres y sus sanciones, poniendo claramente de manifiesto como la distancia, cada vez mayor, que nos separa de estos hechos, dificulta o imposibilita el acceso a fuentes orales que den testimonio de estas situaciones. La voz de los familiares directos de las y los profesionales de la enseñanza castigados durante este periodo se antoja una fuente cada vez más frecuente y útil para recomponer el pasado histórico-educativo.

Por su parte, Sara Ramos y Andra Santiesteban (2022 y 2023) han puesto de manifiesto cómo el Madrid de 1939 se alejó mucho del de 1931. Como apunta Gómez (2018), Madrid quedó invisibilizado de la mayoría de las historias de la guerra civil, debido a la necesidad que tuvo el franquismo no solo de vencer la defensa de Madrid sino de borrar la memoria de la ciudad resistente, eliminando la memoria de la política de represión contra las maestras que ejercieron tanto en Madrid capital como en el resto de la provincia. Esta situación también hizo desaparecer de esta provincia, y especialmente de la ciudad de Madrid, cualquier ensayo pedagógico moderno pasando de ser escaparate para toda España de esta educación nueva, a ser modelo de la escuela del nacionalcatolicismo. Pero para las mujeres tuvo una consecuencia más grave, en tanto que pasaron de simbolizar el proyecto de transformación social y cultural ejerciendo el derecho a la libertad política y social, a mujeres a las que impusieron valores como la tradición, la religión, la moralidad y las costumbres del modelo decimonónico de buena esposa, madre y ama de casa.

También se está adelantando en el conocimiento de las directoras escolares e inspectoras. El caso de Justa Freire ha sido analizado por Mar del Pozo (2013), como paradigma del exilio interior de aquellas directoras inhabilitadas, aún no estudiadas.

Carlos Sanz y Miriam Sonlleva (2022, 2023 y 2024) han realizado una aproximación a las inspectoras de Castilla-León, que fueron depuradas por ambos bandos durante la guerra, centrándose fundamentalmente en las de Segovia y Ávila. En general, las que fueron sancionadas por el gobierno republicano, fueron confirmadas por el franquista, siguiendo la lógica de que el enemigo de mi enemigo es mi amigo, como afirman la autora y el autor.

El tema de las inspectoras es de los que está menos desarrollado, debido fundamentalmente a la escasez de información y dificultad de acceso a las fuentes.

En el otro extremo se sitúa el mapa de la depuración franquista de las profesoras de instituto y escuelas normales, que se encuentra muy avanzado desde el punto de vista cuantitativo (Grana, Martín y Trigueros, 2023).

Actualmente se están realizando nuevos enfoques históricos del estudio de las profesoras de segunda enseñanza, estudios que repasan el desarrollo profesional de algunas docentes después de haber sido depuradas, cuya visibilidad quedó completamente eclipsada gracias a la propaganda sobre el papel de la mujer como esposa y madre en exclusividad. Sólo desde nuevos enfoques se está demostrando que muchas permanecieron en el ejercicio docente activo y continuado, con silencios que habrá que analizar, no exentos de intención política profesional.

De la trayectoria de estas profesoras, se comprueba que las que se exiliaron ejercieron su profesión en otros países, y las que se quedaron realizaron su labor docente de una manera natural, ya que su formación, en líneas generales, había sido dentro de un ambiente que les había inyectado la idea de que las mujeres tenían las mismas capacidades y derechos que los hombres. La mayoría eran de clase acomodada, algunas pertenecerían a familias liberales, que eran las que, en gran medida, se tendrán que exiliar; otras eran hijas de la clase media más cercana al feminismo de Acción Católica, que defendía la igualdad intelectual y de derechos de las mujeres, pero desde la óptica católica. Algunas de ellas llegaron a ser catedráticas e, incluso, ocuparon cargos de responsabilidad como la dirección o subdirección de los centros. También llegaron a ser doctoras y escribieron textos académicos.

Cataluña y Madrid (Grana, 2010 y Grana y Martín, 2017) son casos singulares, que se separan sensiblemente de la media nacional, ya que no sólo había más mujeres en los institutos catalanes y madrileños, sino que además fueron proporcionalmente mucho más castigadas que sus compañeros. Andalucía ha sido analizada para el caso contrario por Isabel Grana, Francisco Martín y Guadalupe Trigueros (2023), ya que ellas son mucho menos castigadas que los varones. Han elaborado una breve biografía de aquellas profesoras de los institutos y escuelas normales que fueron sancionadas.

Dentro de las biografías de profesoras de Escuelas Normales que se están desarrollando, sobresale la de Dolores Cebrián. La recuperación de su trayectoria profesional y vital no solo permite la reflexión y el debate sobre las dos dictaduras españolas, sino también la puesta en valor de su buen hacer y su apuesta por las pedagogías renovadoras (Resa y Rabazas, 2022).

La intención es avanzar en esta dirección con todas las docentes, sancionadas o no, ya que para el 100% del profesorado hay un antes y un después, porque todos fueron depurados y condenados al silencio, a no expresar libremente sus ideas.

En general, se ha comprobado que las sanciones fueron más del tipo de inhabilitación para puestos de responsabilidad y cargos directivos. Se trataba de reconvertirlas para que estuvieran al servicio del nuevo régimen. Todos aquellos que estuviesen dispuestos a someterse eran admitidos, aunque fueran mujeres, pero con condiciones. De hecho, la mayoría de las represaliadas continuaron con su labor docente una vez cumplida la sanción. Incluso se incorporaron a sus antiguos puestos de trabajo donde se vieron sometidas, en muchas ocasiones, al control de las nuevas autoridades académicas del centro, procurando no destacar demasiado y refugiándose, al igual que sus compañeros varones, en el exilio interior.

## Conclusiones

Las mujeres han formado parte de la construcción de nuestra historia del mismo modo que lo han hecho los hombres y, sin embargo, sus figuras, acciones y voces han sido silenciadas y olvidadas de manera sistemática y especialmente durante los periodos dictatoriales. A esto se le suma la dificultad añadida que han tenido las mujeres a lo largo de la historia de acceso a los estudios superiores, los puestos de mando o el espacio público. Incluso en el caso de aquellas que rompieron con lo establecido, estudiaron en la universidad y fueron pioneras, observamos como sus trayectorias y vivencias han pasado desapercibidas para la historiografía.

Sin embargo, actualmente se ha puesto de manifiesto que las docentes del magisterio primario secundario, público o privado, y las de las Escuelas Normales, hallaron respaldo para sus convicciones en movimientos internacionales, feministas y específicamente pedagógicos, siendo protagonistas de un reformismo pedagógico que cuestionó el sistema de género impuesto. Algunas desde una actitud de pasar lo más desapercibidas posible, debido a que sus ideas eran opuestas a los regímenes dictatoriales, y otras, sobre todo aquellas que pertenecen a instituciones afines a la Iglesia Católica, con el beneplácito del régimen exigían mayor y mejor educación para las mujeres y para la nación, pero sin estridencias.

Para terminar, nos gustaría dejar claro que la complejidad del estudio del vínculo de las educadoras con las dictaduras exige nuevos análisis sobre sus relaciones de género, los pactos y los choques que manifestaron en estos periodos, ya que fueron regímenes no homogéneos que generaron multiplicidad de experiencias profesionales y personales.

## Referencias bibliográficas

Agulló Díaz, M. Carmen, Expediente instruido en 1929 por la Universidad de Valencia a la profesora de la Normal D.ª Carmen García de Castro, debido a la acusación de difundir entre sus alumnas doctrinas perniciosas *Historia de la Educación*, n.º 20 (2003), pp. 467-482.
— (2008), *Mestres valencianes republicanes. Las luces de la república*, Valencia, Universitat de València.
— «Amputar, segar, limpar e purificar: a depuración do maxisterio durante o franquismo», *Sarmiento*, n.º 21 (2018), pp. 9-30.
— «Represión de la Libertad de Cátedra en la Educación de las Mujeres durante la Dictadura Primorriverista», *Social and Education History*, n.º 11, vol. 2 (2022), pp. 129-154.
— «El exilio interior de Leonor Serrano, Josefa Herrera y Ángela Sempere, tres inspectoras sancionadas en la dictadura primorriverista», *Historia y Memoria de la Educación*, n.º 17 (2023), pp. 63-97. https://doi.org/10.5944/hme.17.2023.33119.
Agulló Díaz, M.ª Carmen y Robles Sanjuán, Victoria, «Las educadoras en la Dictadura primorriverista: nuevos enfoques y fuentes para su investigación», *Foro de educación*, n.º 1, vol. 22 (2024), pp. 103-124.
Arendt, Hanna (2006), *Los orígenes del totalitarismo*, Madrid, Alianza.
Antolín, Enriqueta (20 de junio de 1981), «Entrevista a Paul Ilie», *El país*. Url: https://elpais.com/diario/1981/06/20/cultura/361836004_850215.html.
Castell, Irene, «Los exilios políticos en la Edad Contemporánea», *Ayer*, n.º 67 (2007), pp. 257-269.
Camacho, Antonio, «Delegados gubernativos durante el mandato de Primo de Rivera. Injerencias de Inspección política en la escuela

frente a la Inspección pedagógica profesional», *Educa Nova*, n.º 9 (2019), pp. 109-120.

Cortada Andreu, Ester, «D'alumna a mestra: l'accés de les dones al magisteri oficial», *Educació i història: Revista d'història de l'educació*, n.º 17 (2011), pp. 47-75.

Egido León, Ángeles, «El testimonio oral y las historias de vida: el exilio español de 1939», *Migraciones & Exilios*, n.º 10 (2009), pp. 83-99.

Fernández Soria, Juan M., «La destrucción de la modernidad republicana. (Sin)razones del exilio pedagógico español», *Historia y memoria de la educación*, n.º 9 (2019), pp. 63-64. Url: https://doi.org/10.5944/hme.9.2019.22520.

Fernández Soria, Juan M. y Agulló Díaz, M. Carmen, «La depuración franquista del magisterio primario», *Historia de la educación*, n.º 16 (1997), pp. 315-350.

— (1999a), *Maestros valencianos bajo el franquismo. La depuración del magisterio valenciano*, Valéncia, Institución Alfons el Magnànim centre valenciá d'estudis i d'investigació.

— «Depuración de maestras en el Franquismo», *Studia histórica. Historia Contemporánea*, n.º 17 (1999b), pp. 249-270.

Flecha, Consuelo, «La inspección de primera enseñanza en la España del primer tercio del siglo XX: Modelos, contextos y protagonistas», *Historia Caribe*, n.º 33 (2018), pp. 179-218.

Gómez Bravo, Gutmaro. (2018), *Asedio. Historia de Madrid en la guerra civil (1936-1939)*, Madrid, Ediciones Complutense.

Grana Gil, Isabel, «La depuración de las profesoras de instituto en Cataluña durante el franquismo», *Annals del Patronat d'Estudis Històrics d'Olot i Comarca*, n.º 12 (2010), pp. 235-250.

Grana Gil, Isabel y Martín Zúñiga, Francisco, «Las profesoras durante el franquismo: freno a la vanguardia intelectual de las mujeres», *Bordón*, n.º 68 (2016), pp. 59-71.

— «La depuración franquista del profesorado de Instituto en Madrid», *Revista Complutense de Educación*, n.º 28, vol. 3 (2017), pp. 705-720. http://dx.doi.org/10.5209/rev_RCED.2017.v28.n3.49728

Grana Gil, Isabel; Martín Zúñiga, Francisco; Pozo Fernández, M.ª Campo y Sanchidrián Blanco, Carmen (2005), *Controlar, seleccionar y reprimir: la depuración del profesorado de Instituto en España durante el franquismo*, Madrid, Instituto de la Mujer, Serie Estudios.

Grana Gil, Isabel; Martín Zúñiga, Francisco y Trigueros Gordillo, Guadalupe, «Profesoras de Instituto y de Escuela Normal sancionadas en Andalucía durante la guerra civil española: apuntes biográficos», *Historia y Memoria de la Educación*, n.º 17 (2023), pp. 135-171.

Grana Gil, Isabel y Redondo Castro, Cristina (2024), «Educadoras durante las dictaduras del siglo xx. Silencios que se llenan de sonidos», en Vila, Eduardo, Rascón, Teresa e Hijano, Manuel (coords.), *Pensar e investigar la educación: desafíos sociales y líneas emergentes*, Barcelona, Octaedro.

Grana Gil, Isabel y Robles Sanjuán, Victoria (2007), «Transmisiones educativas generacionales: discursos sentimentales y conflictos de vida», en *Resistència al franquisme i educació no formal*, Banyoles, Quaderns del Centre D'Estudis Comarcals de Banyoles, pp. 299-315.

Grana Gil, Isabel y Trigueros Gordillo, Guadalupe, «Las ideas sobre el Estado en la configuración de los sistemas educativos. España 1857-1931». *Educació i Historia*. 32, (2018), pags.65-87

Grana Gil, Isabel, Trigueros Gordillo, Guadalupe y Redondo Castro, Cristina (2023), «La Ley General de Educación en España a través de la revista Crítica (1970-1979)», en *Histories of Education and Reform: Traditions, Tensions and Transitions. ISCHE 44*, Budapest, Hungría.

— (2024), «Del BITE a la Revista *Crítica*. Evolución del órgano de expresión de la Institución Teresiana», en *XI Jornadas SEPHE Modos de entender, pensar y sentir el Patrimonio Histórico Educativo*, Zamora.

Grana Gil, Isabel; Trigueros Gordillo, Guadalupe y Robles Sanjuán, Victoria, «Participación Política y Educación de las Mujeres durante la Dictadura de Primo de Rivera. Las Asambleístas: Mujeres en la Asamblea Nacional», *Social and Education History*, vol. 11, n.º 1 (2022), pp. 86-105.

López Martín, Ramón (1994), *Ideología y educación en la Dictadura de Primo de Rivera I. Escuelas y maestros*, Valéncia, Universitat de València.

Martín Jiménez, Ignacio (2004), «Estragos de un drama colectivo», en Silva, Emilio y otros (coord.), *La memoria de los olvidados. Un debate sobre el silencio de la represión franquista*, Valladolid, Ámbito ediciones, pp. 45-54.

Martín Zúñiga, Francisco y Grana Gil, Isabel, «Consecuencias profesionales y personales de la depuración franquista en el profesorado normalista: el caso andaluz (1936-1941)», *Historia y Memoria de la Educación*, n.º 3 (2016), pp. 229-257.

Martorell, Manuel; Marqués, Salomó y Agulló, M. Carmen (I), *Pioneras. Historia y testimonio de las hermanas Úriz Pi*, Navarra, Txalaparta.

Pozo Andrés, M. Mar del (2013), *Justa Freire o la pasión de educar. Biografía de una maestra atrapada en la historia de España (1896-1965)*, Barcelona, Octaedro.

Rabazas Romero, Teresa y Sanz Simón, Carlos (2022), «Entre el trabajo infantil y el abandono temprano: La educación de la mujer en la dictadura de Primo de Rivera a través de los informes de inspección», en Payá Rico, Andrés (coord.), *Pedagogías alternativas y educación en los márgenes a lo largo del siglo xx*, Valencia, Universitat de Valencia, pp. 168-172.

—«Desvelando la práctica educativa en la España de Primo de Rivera a través de la Inspección de Primera Enseñanza (1923-1930)», *Revista de Educación*, vol. 1, n.º 407 (2025), pp. 243-265.https://doi.org/10.4438/1988-592X-RE-2025-407-660

Ramos Zamora, Sara, «Maestras represaliadas por el gobierno franquista», *Arenal. Revista de historia de las mujeres*, vol. 12, n.º 1 (2005), pp. 113-145. Url: https://doi.org/10.30827/arenal.v12i1.2977

— (2006), *La represión del magisterio: Castilla-La Mancha, 1936-1945*, Toledo, Almud ediciones de Castilla-La Mancha.

— (2013), «Educadoras, maestras: depuradas por su profesión», en Nash, Mary (ed.), *Represión, resistencia, memoria. Las mujeres bajo la dictadura franquista*, Granada, Comares Historia, pp. 63-70.

— (Ed.) (2016), *Entre lo doméstico y lo público. Capacitación profesional de las mujeres rurales en España (1940-1977)*, Madrid, Biblioteca Nueva.

Ramos Zamora, Sara y Santiesteban, Andra (2022), «El exilio interior de las maestras de primera enseñanza durante la dictadura franquista. El caso de la maestra Ana María Alemany Clement», en Rodríguez Serrador, Sofía.; Ramos Diez-Astrain, Xavier María y Cuadrado Bolaños, Jara (coords.), *Hasta que seamos libres. Mujeres que resistieron, lucharon y construyeron entre el pasado y el presente*, Granada, Comares Historia, pp. 1451-1473.

—«Depuración y exilio interior de las maestras de primera enseñanza en el Madrid de posguerra», *Historia y Memoria de la Educación*, n.º 17 (2023), pp. 173-204. Url: https://doi.org/10.5944/hme.17.2023.33716

Resa Ocio, Ainhoa y Rabazas Romero, Teresa (2022), «Trayectoria y exilio interior de la profesora normalista dolores Cebrián Fernández de

Villegas», en Rodríguez Serrador, Sofía.; Ramos Diez-Astrain, Xavier María y Cuadrado Bolaños, Jara (coords.), *Hasta que seamos libres. Mujeres que resistieron, lucharon y construyeron entre el pasado y el presente*, Granada, Comares Historia, pp. 1331-1347.

Robles Sanjuán, Victoria (2010), «Educación generacional y franquismo: discursos educativos y conflictos de vida», en Muñoz, Ana M. y Ballarin, Pilar (eds.), *Mujeres y libros*. Granada, Universidad de Granada, pp. 187-198.

— (2018), «Los derechos se viven, pero también se aprenden: experiencias históricas feministas para un lugar común», en Venegas, Mar y otros (eds.), *De la Igualdad de Género a la Igualdad Sexual y de Género*, Madrid, Dykinson, pp. 29-47.

— (2022), «Represión y exilio interior de las educadoras en la dictadura de Primo de Rivera Mujeres, género y nación en la dictadura de Primo de Rivera», en Ortega López, Teresa M. (ed.), *Mujeres, género y nación en la dictadura de Primo de Rivera*, Madrid, Silex, pp. 155-182.

Robles Sanjuán, Victoria y Rabazas Romero, Teresa, «Control y exilio interior de las educadoras en la Dictadura de Primo de Rivera», *Historia y memoria de la educación*, n.º 17 (2023), pp. 29-61. Url: https://doi.org/10.5944/hme.17.2023.33820

Sanz Simón, Carlos y Sonlleva Velasco, Miriam, «Dolor, humillación e impotencia. El exilio interior del Magisterio femenino en Ávila tras la Guerra Civil», *Hispania Nova*, n.º 1 extraordinario (2023), pp. 99-125.

—«Entre el éxito profesional, el exilio interior y el olvido. La inspección femenina de Castilla y León en los procesos sancionadores ocurridos durante la Guerra Civil», *Historia y Memoria de la Educación*, n.º 17 (2023), pp. 99-133. Url: https://doi.org/10.5944/hme.17.2023.33114.

Sonlleva Velasco, Miriam y Sanz Simón, Carlos, «La depuración del magisterio primario en la ciudad de Segovia (1936-1939)», El Futuro del Pasado: revista electrónica de historia, n.º 11 (2020), pp. 457-497.

— «Corruptoras de las conciencias infantiles. La depuración del magisterio femenino en la provincia de Segovia (1936-1945)», *Aportes: Revista de historia contemporánea*, n.º 37, vol. 108 (2022a), pp. 223-260.

— «Inspectoras de Primera Enseñanza en la provincia de Segovia (1900-1939). Una historia silenciada», *Investigaciones históricas: Época moderna y contemporánea*, n.º 42 (2022b), pp. 947-980.

— «Tiempos de cambio en educación. La Inspección de Primera Enseñanza en la provincia de Ávila en la Segunda República y su evolución durante la Guerra Civil», *Rubrica Contemporánea*, n.º 13, vol. 27 (2024), pp. 225-245.

Yusta Rodrigo, Mercedes, «Las mujeres en la resistencia antifranquista, un estado de la cuestión», *Arenal, Revista de Historia de las Mujeres*, n.º 12, vol. 1 (2005), pp. 5-34. https://doi.org/10.30827/arenal.v12i1.2979

# Bloque II

## La práctica educativa y las fuentes para su investigación

# ENTRE RECONHECER PARA LIBERTAR E DESCOLONIZAR PARA APRENDER

## Relações étnico-raciais e políticas educativas para a diversidade cultural em Portugal e no Brasil (1986-2018)

Isabella Pereira Pimentel
*Centro de Investigação Transdisciplinar
Cultura, Espaço e Memória (CITCEM)*

**Resumen:** Este trabalho apresenta resultados preliminares de um projeto de doutorado em História, que visa compreender como as políticas educacionais voltadas à diversidade cultural têm se dinamizado nas culturas escolares e no ensino de história em Portugal e no Brasil, no período de 1986 a 2018. Para isso, realizamos uma revisão abrangendo o estado da arte e a legislação em ambos os países. Os principais contributos práticos da pesquisa residem na possibilidade de identificar distinções entre sistemas de classificação racial e sua relação com diferentes etnias, especialmente no que tange aos impactos no campo educacional e na aprendizagem de história.

**Palavras-chave:** Políticas educacionais; Diversidade cultural; Ensino de História.

**Abstract:** This article presents preliminary results from a doctoral research project in History. The project examines how educational policies addressing cultural diversity have developed in school cultures and history teaching in Portugal and Brazil from 1986 to 2018. To do this, we reviewed literature and legislation in both countries. The main contributions of this research involve the identification of distinctions between racial classification systems and their relationships with different ethnicities, particularly regarding their impact on the educational setting and history learning.

**Keywords:** Educational policies; Cultural diversity; History teaching.

# INTRODUÇÃO

Sob o lema «Unidade na Diversidade», a UNESCO defende que a diversidade cultural deve ser reconhecida não apenas como um princípio ético, mas como um recurso estratégico para sociedades contemporâneas. No campo educativo, essa perspectiva tem impulsionado políticas que visam garantir o acesso de grupos historicamente marginalizados às escolas. Contudo, o desafio vai além do ingresso: é fundamental assegurar condições de equidade que garantam a permanência e o sucesso escolar, especialmente em contextos multiculturais e pós-coloniais.

Estudos sobre políticas educacionais mostram que os agentes sociais influenciam a cultura escolar de maneiras que muitas vezes transcendem as normas prescritas (Julia, 2001). No ensino de História, os debates sobre diversidade e coesão social reforçam a necessidade de problematizar conteúdos e objetivos dessa disciplina (Clark & Peck, 2018), diante da persistência do eurocentrismo nos manuais escolares e da perpetuação de mitos nacionais, especialmente em contextos pós-coloniais (Pereira & Araújo, 2017).

Apesar de Portugal implementar políticas interculturais desde os anos 1990 e o Brasil tenha promulgado leis como a n.º 10.639/2003 e a n.º 11.645/2008, que incluem a obrigatoriedade do ensino das histórias africana, afro-brasileira e indígena, ainda há uma lacuna importante no campo do ensino de História: como os agentes sociais — diretores, docentes e alunos — percebem, interpretam e aplicam essas normatizações no cotidiano escolar? Esse aspecto permanece pouco explorado, especialmente em estudos comparativos entre Portugal e Brasil.

Este artigo apresenta resultados parciais de uma tese de doutorado em História[1], baseada em um estudo de caso múltiplo, que examina como diretores, docentes de História e alunos do nono ano em escolas públicas de Portugal e do Brasil (1986-2018) compreendem e vivenciam essas normativas, contribuindo para uma análise crítica do ensino de História em contextos multiculturais. Parte-se da hipótese de que, embora essas políticas se proponham a promover a inclusão, suas interpretações e traduções no contexto escolar podem revelar tensões subjacentes às desigualdades estruturais e às relações de poder. Contudo, para os propósitos deste texto, nos concentraremos na análise do corpus legislativo, aspecto também elementar para nossa investigação.

## Epígrafe I

Na educação e nas ciências sociais, a análise das políticas educacionais para a diversidade cultural enfatiza três modelos principais: assimilacionismo, multiculturalismo e interculturalidade (Harris, 2013; Banks, 2021). O assimilacionismo busca integrar minorias à cultura dominante, enquanto o multiculturalismo valoriza as diferenças e a interculturalidade incentiva o diálogo entre culturas. Embora o discurso oficial enfatize inclusão, pesquisas recentes sugerem que as políticas estatais tem se concentrado em comunidades ciganas, negras e indígenas, configurando um modelo de «gestão» da diversidade que muitas vezes buscam integrar as minorias à cultura nacional, contradizendo seus próprios princípios (Rodríguez Maeso; Coelho & Silva, 2023).

Na Europa, o assimilacionismo e a interculturalidade são centrais, especialmente em contextos migratórios (Harris, 2013), enquanto nos Estados Unidos predomina o multiculturalismo, focado no reconhecimento das diferenças culturais (Banks, 2021). No Brasil, a interculturalidade é reforçada por ações afirmativas e pela valorização das diferenças étnico-raciais (Munanga, 2022). Esses modelos afetam as culturas escolares de formas distintas, moldadas pelas políticas locais. Nesse contexto, as crenças de professores e alunos tornam-se fundamentais, pois influenciam diretamente a forma como as políticas são traduzidas em práticas pedagógicas.

No ensino de História, persistem desafios ligados à diversidade. Clark & Peck (2018) e Araújo (2024) apontam que os manuais escolares perpetuam narrativas nacionais, limitando a inclusão de perspectivas plurais e ignorando questões raciais e étnicas. Bôas (2008) enfatiza a importância de estudar as representações sociais, enquanto Paés, Bobowik e Liu (2017) argumentam que a compreensão da historicidade dessas representações é essencial para entender como a diversidade é percebida no ensino e na aprendizagem.

Assim, embora a categoria cultura tenha se tornado central na resolução de problemas sociais (Munanga, 2022), frequentemente a questão racial é despolitizada, sobretudo no ensino de História em países com legados coloniais como Brasil e Portugal (Pereira & Araújo, 2017). Dessa maneira, somos interpelados a investigar essa questão comparativamente. Tendo em vista que essa análise permitirá expor as limitações do ensino da disciplina, que visa ajudar os jovens a se situarem no mundo, mas muitas vezes falha ao perpetuar narrativas hegemônicas que não refletem a diversidade histórica e atual.

## METODOLOGIA

A pesquisa, de caráter qualitativo, foca em um estudo de caso múltiplo realizado em cinco escolas públicas no Norte de Portugal e no Centro-Oeste do Brasil. As principais questões investigadas incluem: Como as políticas educacionais promovem a diversidade cultural? Quais aspectos os participantes consideram evidências de diversidade na escola? Eles relacionam diversidade com raça, classe social, gênero e orientação sexual?

Para responder a essas questões, foram conduzidas entrevistas semiestruturadas com diretores escolares e aplicados dois questionários — um para docentes de História e outro para estudantes do terceiro ciclo — com o objetivo de investigar como esses atores reconhecem e interpretam a diversidade cultural na escola e nas aulas de História. Entretanto, neste texto, como já elucidado, focamos na análise do corpus documental legislativo, etapa essencial para o estudo. As fontes analisadas, produzidas pelos Ministérios da Educação de Portugal e do Brasil entre 1986 e 2018, estão sintetizadas nos Quadros 1 e 2.

## QUADRO 1
## SISTEMATIZAÇÃO DOS DADOS NORMATIVOS EM PORTUGAL

| Ano | Instrumentos legais |
|---|---|
| 1986 | Lei de Bases do Sistema Educativo |
| 2001 | Decreto-lei nº 6/2001 - Disciplina de Português como Língua Não Materna (PLNM) |
| 2018 | Decreto-lei nº 54/2018 - Educação inclusiva |
| 2018 | Decreto-lei nº 55/2018 - Perfil dos Alunos à Saída da Escolaridade Obrigatória. |

Fonte: Elaboração própria (2024).

## QUADRO 2
## SISTEMATIZAÇÃO DOS DADOS NORMATIVOS NO BRASIL

| Ano | Instrumentos legais |
|---|---|
| 1996 | Lei nº 9.394/1996 - Diretrizes e Bases da Educação Nacional |
| 2003 | Lei nº 10.639/2003 - Ensino de história da África e cultura afro-brasileira e africana. |
| 2008 | Lei nº 11.645/2008 - Ensino da história e cultura indígena. |
| 2017 | Resolução CNE/CP nº 2/2017 - Implementação da Base Nacional Comum Curricular (BNCC) |

Fonte: Elaboração própria (2024).

Para a análise, utilizamos o ciclo de políticas proposto por Bowe, Ball e Gold (1992), que abrange três contextos: influência, produção de texto e práticas. Esse referencial teórico permitiu refletir criticamente sobre a historicidade dos conceitos e discursos hegemônicos que fundamentam medidas e programas educacionais.

## Epígrafe II

A legislação oferece um acesso específico à história da educação e da escola como instituição, situada «[...] na constituição de um objeto epistêmico inventariável, cartografável, comparável, historiável» (Magalhães, 2015: 11), permitindo expandir a visão que enxerga a escola apenas como um espaço reprodutor de desigualdades sociais.

Os resultados preliminares da nossa pesquisa indicam que Portugal e Brasil, como signatários de acordos internacionais de valorização da diversidade, alinham-se às diretrizes da UNESCO. No ensino de História, essas políticas integram-se à educação para a cidadania, com foco no respeito e na tolerância, mas ainda enfrentam barreiras práticas ligadas à formação docente e aos condicionalismos institucionais.

Em Portugal, ajustes legislativos desde os anos 1990 fortaleceram discursos de interculturalidade (Araújo, 2024), incluindo o reconhecimento do português como Língua Não Materna (2001), o Selo Escola Intercultural (2012-2018) e os Decretos-Lei n.º 54 e 55/2018. No entanto, o Conselho Nacional de Educação (2020) destaca a «invisibilidade das minorias raciais», evidenciando que avanços legais não garantem mudanças efetivas nas escolas.

No Brasil, a redemocratização impulsionou discussões sobre relações étnico-raciais, levando à Lei n.º 10.639/2003, que tornou obrigatório o ensino de História e cultura africana e afro-brasileira no ensino básico, seguida pelas Diretrizes Curriculares para a Educação das Relações Étnico-Raciais. Em 2008, a normativa n.º 11.645 incluiu também a história e cultura indígena no currículo. Contudo, Pereira e Araújo (2017) observam que a despolitização das questões raciais e a negligência ao racismo como relação de poder limitam o impacto dessas normas no cotidiano escolar.

Apesar dos avanços dos últimos anos, impulsionados pela Década Internacional de Afrodescendentes (2015-2024) em Portugal, o impacto dessas leis no ensino de História ainda requer investigação. Esse é um ponto comum entre dois os contextos. Portanto, compreender como essas leis se traduzem nas práticas escolares é essencial. Embora normativas promissoras estejam em vigor, sua eficácia depende da formação docente, da inclusão de narrativas plurais nos manuais escolares e da superação de uma cultura escolar homogênea. Apenas enfrentando esses obstáculos será possível promover uma educação comprometida com a justiça social e epistêmica.

## Considerações finais

Os principais contributos práticos deste trabalho, ainda em desenvolvimento, concentram-se na identificação das distinções entre sistemas de classificação racial e suas relações com diferentes etnias. Os esforços para localizar esses indícios iniciaram-se com a pesquisa documental e continuarão por meio dos relatos de experiências de docentes de História e discentes do nono ano, uma vez que esses agentes sociais certamente traduzirão distintas percepções sobre o convívio com a diversidade cultural.

Desse modo, propomos examinar a historicidade das representações sociais desses sujeitos, buscando desvelar como discursos e práticas que se apresentam como inclusivos podem, na prática, reforçar desigualdades. No Brasil, elementos do mito da democracia racial persistem; em Portugal, os resquícios do lusotropicalismo limitam avanços em direção a uma verdadeira interculturalidade. Esses legados coloniais influenciam estruturas e práticas educacionais que precisam ser problematizadas.

Em síntese, o diálogo transnacional permite explorar como os modelos de inclusão foram constituídos e tensionados nos dois países. Destacar as influências das realidades regionais e institucionais é crucial para questionar narrativas excludentes e avançar em direção a práticas educacionais que realmente promovam diversidade, equidade e justiça social.

# Referências

Bowe, Richard; Ball, Stephen J.; Gold, Anne (1993), *Reforming education & changing schools: case studies in policy sociology.* Abingdon: Routledge Library Editions: Sociology of Education.

Clark, Anna, & Peck, Carla L., «Introduction: Historical Consciousness: Theory and Practice. Contemplating Historical Consciousness: Notes from the Field», edited by Anna Clark and Carla L. Peck, 1st ed., vol. 36, Berghahn Books (2019), pp. 1-16.

Harris, Richard, «The place of diversity within history and the challenge of policy and curriculum» *Oxford Review of Education*, n.º 39, vol. 3 (2013), pp. 400-419.

Julia, Dominique, «A Cultura Escolar como Objeto Histórico», *Revista Brasileira de História da Educação*, vol. 1, 2001, n.º 1, pp. 9-43. <https://periodicos.uem.br/ojs/index.php/rbhe/article/view/38749> [Consulta: 11, Novembro, 2024].

Magalhães, Justino (2015), *O estudo das organizações educativas: Novas perspectivas.* In J. Pintassilgo, & L. A. M. Alves (Orgs.), História da educação - Fundamentos teóricos e metodologias de pesquisa: Balanço da investigação portuguesa: 2005-2014, pp. 11-24, Porto: CITCEM-HISTEDUP-UIDEF.

Munanga, Kabengele, «O mundo e a diversidade: questões em debate», *Estudos Avançados*, vol. 105, 2022, n.º *36*, pp. 117-129.

Pereira, Amílcar. & Araújo, Marta, Raça, História e Educação no Brasil e em Portugal: desafios e perspectivas. Revista: Educação & Realidade, vol. 1, 2017, n.º42, pp. 139-160.

Liu, James. H., & Páez, Darío, Social representations of history as common ground for processes of intergroup relations and the content of social identities. In David. Matsumoto & Hyisung. C. Hwang (eds.), *The handbook of culture and psychology* (2nd ed), pp. 586-614. Oxford University Press.

Rodríguez Maeso, Silvia., Coelho, Luana., & Silva, Marcos. (2023). *The contested politics of anti-racism concepts, public debates & political projects.* POLITICS project booklet, 40.

Vala, J. (2015). *Racismos: representações sociais, preconceito racial e pressões normativas.* In J. C. Jesuíno, F. R. P. Mendes & M. J. Lopes (eds.), As representações sociais nas sociedades em mudança, pp. 153-183. (Coleção Psicologia Social). Petrópolis, RJ: Vozes.

## FONTES

Brasil, Lei 9.394/1996, de 20 de dezembro, *Diário Oficial da União*, 23 de dezembro de 1996, núm. 248.

Brasil, Lei n.º 10.639/2003, de 09 de janeiro, *Diário Oficial da União*, 10 de janeiro de 2003, núm. 1, pp. 1-2.

Brasil, Lei n.º 11.645/2008, de 10 de março, *Diário Oficial da União*, 11 de março de 2008, n.º 2, pp. 3-4.

Brasil, Resolução 1/2004, 22 de junho, *Diário Oficial da União*, 23 de junho de 2004, núm. 1, pp. 10-11.

Brasil, Resolução 2/2017, de 22 de dezembro, *Diário Oficial da União*, 22 de dezembro de 2017, seção 1, pp. 41- 44.

Portugal, Decreto-lei 6/2001, 18 de janeiro, *Diário da República*, 18 de janeiro de 2001, série I-A, pp. 258-265.

Portugal, Lei orgánica 1/2001, 14 de agosto, *Diário da República*, 14 de agosto de 2001, série I-A, pp. 5150-5180.

Portugal, Decreto-lei 54/2018, de 6 de julho, *Diário da República*, 6 de julho de 2018, série I, pp. 2918-2928.

Portugal, Decreto-lei 55/2018, de 6 de julho, *Diário da República*, 6 de julho de 2018, série I, pp. 2928-2943.

Portugal. Recomendação n.º 5/2020, de 20 de novembro, *Diário da República*, 20 de novembro de 2020, série II, pp. 62-68.

# A RESISTÊNCIA DAS MULHERES INDÍGENAS À VIOLÊNCIA COLONIAL
## Possibilidades de novos territórios epistêmicos

Kenia Adriana Reis e Silva

**Resumo:** Este estudo explora a resistência das mulheres indígenas à educação colonial no Brasil, com foco nas cartas jesuíticas produzidas entre os séculos XVI e XVIII. Essas cartas, redigidas pelos missionários que buscavam evangelizar e disciplinar as populações indígenas, revelam não apenas a imposição cultural europeia, mas também as estratégias de resistência das mulheres indígenas. Este estudo adota uma abordagem qualitativa, utilizando a etno-história e a análise discursiva das fontes jesuíticas, para identificar práticas culturais e comportamentos que desafiaram a colonialidade do ser, do saber, do poder e do gênero. Ao destacar a resistência das mulheres, este trabalho contribui para a construção de novos territórios epistêmicos, valorizando as epistemologias indígenas e questionando as bases do conhecimento ocidental. O objetivo principal é compreender as formas de resistência das mulheres indígenas à violência colonial e, ao mesmo tempo, promover uma ciência mais justa e plural, incorporando as vozes e saberes indígenas.

**Palavras-chaves:** Resistência indígena, Educação colonial, Epistemicídio, Decolonialidade.

**Abstract:** This study explores the resistance of Indigenous women to colonial education in Brazil, focusing on Jesuit letters produced between the 16th and 18th centuries. These letters, written by missionaries seeking to evangelize and discipline Indigenous populations, reveal not only the imposition of European culture but also the resistance strategies of Indigenous women. This study adopts a qualitative approach, using ethno-history and discourse analysis of Jesuit sources to identify cultural practices and behaviors that challenged the coloniality of being, knowledge, power, and gender. By highlighting women's resistance, this work contributes to the construction of new epistemic territories, valuing Indigenous epistemologies and questioning the foundations of Western knowledge. The main objective is to understand the forms of resistance Indigenous women employed against colonial violence while promoting a fairer and more pluralistic science that incorporates Indigenous voices and knowledge.

**Keywords:** Indigenous Resistance, Colonial Education, Epistemicide, Decoloniality.

## INTRODUÇÃO

Este capítulo trata do ponto fundacional da história da educação no Brasil, abordando como, no período colonial, os saberes indígenas foram sistematicamente deslegitimados. Com a chegada dos europeus, instaurou-se uma lógica de dominação cultural e epistemológica, na qual a ciência moderna se tornou um instrumento essencial para o processo de epistemicídio (Carneiro, 2005), promovendo a aniquilação ou a apropriação dos saberes locais. Nesse contexto, as mulheres indígenas não enfrentaram apenas a violência física e a subjugação social, mas também um contínuo processo de desvalorização e destruição de seus saberes ancestrais, como os relacionados à cura, espiritualidade, manejo sustentável da terra e organização social.

Este estudo investiga as estratégias de resistência dessas mulheres ao longo do período colonial, especialmente nas cartas jesuíticas, que, embora redigidas sob a perspectiva dos missionários, podem revelar tanto a imposição cultural quanto as respostas de resistência dos povos indígenas. As cartas jesuíticas, produzidas entre os séculos XVI e XVIII, oferecem relatos detalhados das práticas culturais, religiosas e sociais dos povos nativos. No entanto, esses documentos também revelam, de forma inadvertida, sinais de resistência das mulheres indígenas, que desafiavam as imposições coloniais, preservando elementos essenciais de sua identidade cultural.

A resistência das mulheres indígenas não se limitava à reação à violência física, mas representava uma resposta ao epistemicídio e ao apagamento de sua visão de mundo, imposto pela colonialidade do ser, do saber, do poder (Quijano, 1992, Maldonado Torres, 2008; Mignolo, 2004) e, de forma particular, pela colonialidade de gênero (Lugones, 2020). Além de enfrentarem o colonialismo, as mulheres indígenas estavam submetidas à imposição de normas patriarcais europeias que tentavam limitar sua autonomia e expressão cultural.

O objetivo deste estudo é duplo: compreender essas formas de resistência e contribuir para a construção de novos territórios epistêmicos que valorizem as epistemologias indígenas. Ao reconhecer e analisar essas resistências, o estudo visa construir uma visão mais inclusiva e justa da história e do conhecimento, incorporando as vozes e saberes indígenas.

Para responder à pergunta central — que estratégias de resistência as mulheres indígenas produziram diante da educação colonial, que podem ser reveladas nas cartas jesuíticas? —, adotamos uma abordagem qualitativa, com ênfase na etno-história e na análise discursiva das fontes. A etno-história permite uma interpretação que vai além da leitura literal, buscando compreender os silêncios e as entrelinhas dos registros missionários, enquanto a análise do discurso oferece ferramentas para identificar as tensões entre o projeto colonial e as respostas indígenas.

Este estudo pretende, assim, ampliar a compreensão sobre a resistência indígena, destacando o papel fundamental das mulheres nesse processo. Ao analisar as cartas jesuíticas como fonte histórica, busca-se reivindicar a visibilidade dessas mulheres e questionar as bases do conhecimento ocidental, ao mesmo tempo em que se abre espaço para práticas de justiça epistêmica e social, tanto no presente quanto no futuro.

## O Projeto Moderno-Colonial e a Marginalização Epistêmica

O projeto da modernidade, que pôs fim ao feudalismo e deu início ao Estado Moderno, foi intrinsecamente ligado ao colonialismo, legitimado pela ideologia imperialista, que justificava a superioridade do homem branco ocidental e a missão civilizatória. Essa ideologia, marcada por intencionalidades políticas, económicas e discriminatórias, tornou-se uma estratégia de marginalização e exploração das colônias (Smith, 2018; Jardim & Cavas, 2017).

A partir desse contexto, começou a se estabelecer uma estreita associação entre raça, patriarcado, capitalismo e colonialismo, formando uma matriz contínua de poder. O antropólogo Manuel Zapata, em sua obra *Las claves mágica de América*, destaca que a fase colonial do capitalismo foi caracterizada pela exploração das forças criativas e das tecnologias dos povos indígenas, criando uma nova relação econômica racial que privilegiava os brancos opressores em detrimento dos povos subjugados (Zapata, 1989).

A reflexão crítica sobre o colonialismo só começou a emergir de maneira sistemática nas ciências sociais contemporâneas, impulsionada por lutas revolucionárias e anticoloniais (Ferreira, 2014). Intelectuais latino-americanos, como Walter Mignolo e Aníbal Quijano, engajaram-se em um «movimento de resistência teórico e prático, político e epistemológico» (Ballestrin, 2013, p. 105) contra a lógica da modernidade/colonialidade, promovendo uma renovação crítica das ciências sociais na América Latina, que culminou na noção de «giro decolonial» (Mignolo, 2008).

O pensamento decolonial oferece novos olhares sobre as relações globais e locais e propõe uma crítica à produção de saberes hegemônicos e à imposição de um padrão de poder europeu sobre outros territórios. A articulação entre raça e capitalismo foi crucial na construção e expansão do comércio atlântico, resultando nas colonialidades do poder, do saber, do ser e do gênero (Maldonado Torres, 2008).

A colonialidade do poder, estudada por Quijano, revela a hierarquização dos povos colonizados a partir da raça, legitimando dominação e controle da produção e trabalho, enquanto a colonialidade do saber, abordada por Mignolo e Lander, descreve a exclusão e o silenciamento dos saberes dos povos colonizados, perpetuando uma visão eurocêntrica que nega a produção de conhecimento indígena e africano (Oliveira & Candau, 2014).

A colonialidade do ser, por sua vez, abrange as dinâmicas de poder que discriminam comunidades e naturalizam a violência simbólica e física, negando a humanidade das populações colonizadas (Maldonado Torres, 2008; Curiel, 2020). A inclusão da colonialidade de gênero, proposta por María Lugones, reforça a interseccionalidade entre raça e gênero, evidenciando que a dominação não é apenas racial, mas também de gênero, conforme se articula no imperialismo e nas práticas patriarcais.

Neste sentido, o conceito de colonialidade reflete as consequências duradouras do colonialismo e aponta que essas categorias surgiram para abordar diferentes aspectos do diferencial epistêmico colonial, que desde o século XVI sustentou a crença na superioridade da ciência ocidental (Mignolo, 2004). Assim, a racionalidade não é um atributo neutro, mas uma arma ideológica que consolida a hegemonia colonial.

Nesse ínterim, o próprio conceito de paradigma, resultado de realizações científicas que geram modelos não questionados, que orientam a pesquisa, é essencial para entender como os pontos fundamentais do paradigma da modernidade — como colonialismo, capitalismo, racionalismo, protestantismo e iluminismo — interagem entre si.

Nessa linha de análise, podemos observar que o racionalismo cartesiano, ao conceber o indivíduo como a soma do corpo e da mente, contribuiu para a marginalização do «outro». Aqueles que não apresentavam características dos seres que possuíam mente/razão abstrata, segundo o modelo racional, eram animalizados. Assim, voltamos ao questionamento levantado por Júlio Pinto e Walter Mignolo: «A modernidade é de fato universal?» (2015, p. 381). Mignolo (2004) e Quijano (1992) respondem a essa indagação ao argumentar que não há modernidade sem colonialidade. Os territórios colonizados, obrigados a suportar as consequências da apropriação e da violência contribuíram para que ocorresse a emancipação do pensamento da ciência clássica e medieval e a regulação dos estados modernos no contexto europeu.

Essas reflexões sobre as teorias do conhecimento nos revelam como se concentraram no núcleo do sistema colonial e patriarcal, resultando em uma exclusão de gênero e na marginalização dos não-europeus. Percebemos que as teorias do conhecimento tiveram uma influência significativa no projeto colonizador, servindo como justificativa para a inferiorização e subjugação de outros povos. Como observado por Aníbal Quijano e Walter Mignolo, a exterioridade da racionalidade científica se tornou um elemento gerador de novas relações de dominação e exploração, estabelecendo padrões de superioridade que conectavam raça e capitalismo à expansão da rota comercial atlântica (Maldonado Torres, 2008).

Neste cenário, as práticas educativas dos jesuítas no Brasil colonial, particularmente a catequese e a educação, tornam-se elementos centrais. A chegada dos jesuítas em 1549 marca um ponto crucial na história da educação no Brasil, onde as práticas educativas eram elaboradas para integrar os indígenas no Império Português. Essa dinâmica é conhecida como «pedagogia brasílica», que surgiu em um contexto de contato entre culturas, em que a educação se tornou um instrumento de dominação cultural e epistemológica (Saviani, 2007).

## RUPTURAS E RECONSTRUÇÕES: A RESISTÊNCIA FEMININA INDÍGENA À COLONIALIDADE

Estudar as resistências das mulheres indígenas à educação colonial imposta pela colonização é importante para entender como a colonialidade afetou e ainda afeta as relações sociais. A investigação dos epistemicídios, ou seja, da destruição sistemática dos conhecimentos indígenas, conduz-nos a refletir sobre os paradigmas científicos e o descentramento das narrativas e sujeitos contemporâneos. O pesquisador Sérgio Costa (2006) provoca uma reflexão ao afirmar que, de forma geral, a pós-modernidade é vista como uma condição que descreve o descentramento das narrativas e dos sujeitos contemporâneos. Contudo, o pós-modernismo é frequentemente rejeitado como um programa teórico e político, pois, para o pós-colonialismo, a transformação social e o combate à opressão devem ocupar um lugar central na agenda de investigação (*ibidem*, 2006).

Esta pesquisa busca combinar abordagens metodológicas que abarque uma visão histórica, cultural, social e científica ampla. A etno-história (Melià, 1997), surgida inicialmente para reconstituir a história das culturas indígenas a partir de documentos coloniais e dados arqueológicos, oferece uma abordagem interdisciplinar, fundamental para a análise das resistências indígenas e para a descolonização da narrativa histórica. Contudo, as fontes documentais produzidas durante a colonização, como as cartas jesuítas, apresentam uma visão reducionista e parcial das populações indígenas, o que exige uma leitura crítica e um trabalho de reconstituição atento ao contexto de produção dessas fontes.

Neste contexto, as Pedagogias Feministas Decoloniais emergem como uma metodologia essencial para analisar as resistências das mulheres indígenas à educação colonial. Essas pedagogias se dedicam a desestabilizar práticas de conhecimento coloniais e patriarcais, promovendo a valorização da ancestralidade e das formas de resistência comunitária. Segundo Walsh (2019), tais pedagogias trabalham com as experiências, crenças, memórias históricas e lutas das mulheres indígenas, reconhecendo o papel fundamental dessas mulheres na manutenção dos saberes ancestrais e na criação de alternativas ao modelo colonial de educação.

Espinosa et al. (2013) destacam que as Pedagogias Feministas Decoloniais promovem um diálogo que rompe com a colonialidade do gênero, poder, ser e saber, permitindo que novas formas de ser humano sejam concebidas, sem hierarquias e subordinações. Esse movimento inclui a recuperação de conhecimentos ancestrais, a criação de saberes que honrem o bem viver e a valorização das resistências históricas e cotidianas das mulheres indígenas. Para as comunidades indígenas, especialmente as mulheres, resistir à educação colonial significou proteger seus territórios, valores culturais e conhecimentos tradicionais, desafiando a tentativa de subordinação e apagamento impostos pelo sistema colonial.

Para interpretar as narrativas contidas nas cartas jesuítas, a análise do discurso, especialmente sob a perspectiva foucaultiana, é uma ferramenta que nos permite desvendar como as representações coloniais foram construídas e naturalizadas. A partir disso, pode-se revelar as contradições e complexidades dessas narrativas, trazendo à tona as resistências das mulheres indígenas e suas estratégias de (re)existência. Utilizar as Pedagogias Feministas Decoloniais como lente analítica possibilita não só reconhecer as resistências dessas mulheres, mas também situá-las no cerne de uma crítica ao colonialismo e à marginalização histórica, criando novos territórios epistêmicos que valorizam e reconstroem os saberes ancestrais frente à educação colonial.

## Conclusão

Este estudo em desenvolvimento visa aprofundar a compreensão das lutas e resistências das mulheres indígenas diante das práticas coloniais, que incluíram a violência e o epistemicídio, em uma tentativa sistemática de deslegitimar e silenciar seus conhecimentos e práticas culturais. A análise detalhada das cartas jesuíticas, juntamente com outros documentos históricos e culturais, permite evidenciar não apenas a brutalidade e o alcance das práticas coloniais de apagamento, silenciamento e aniquilação, mas também as estratégias resilientes de resistência, adaptação e preservação cultural que essas mulheres implementaram.

Ao destacar essas práticas de resistência, buscamos desvendar uma história oculta, que revela a engenhosidade, coragem e determinação das mulheres indígenas em preservar e transformar suas culturas, muitas vezes à custa de suas próprias vidas e bem-estar. Essas estratégias incluem a transmissão oral de saberes, a prática de espiritualidades e cosmologias tradicionais e a formação de redes de apoio e solidariedade que desafiaram as ordens coloniais. Estes são movimentos que transcendem as narrativas oficiais, frequentemente elaboradas pelos colonizadores, e nos permitem vislumbrar um passado e um presente de luta e reivindicação de identidade, autonomia e direitos.

Além disso, ao estudar as dinâmicas entre conhecimento indígena e a ciência ocidental, este trabalho pretende abrir espaço para um território epistêmico renovado, que respeite e valorize a multiplicidade de saberes e modos de ser. A partir de uma abordagem decolonial, que contesta o monopólio da ciência moderna e sua visão de progresso baseada na dominação e exploração, propomos um modelo de conhecimento plural e inclusivo. Esse modelo não apenas respeita, mas reconhece as epistemologias indígenas como centrais e enriquecedoras para a construção de um conhecimento verdadeiramente plural e equitativo.

# Referências

Ballestrin, Luciana (2013). América Latina e o giro decolonial. *Revista Brasileira de Ciência Política*, (11), 89-117.

Carneiro, Aparecida Sueli (2005). *A construção do outro como não Ser como fundamento do Ser*. Tese de Doutoramento, Programa de Pós-graduação em Educação, Universidade de São Paulo.

Costa, Sérgio (2006). Desprovincializando a sociologia: A contribuição pós-colonial. *Revista Brasileira de Ciências Sociais*, 21(60), 117-134.

Curiel, Ochy (2020). Construindo metodologias feministas a partir do feminismo decolonial. In: Hollanda, H. B., *Pensamento feminista hoje: perspectivas decoloniais* (140-161). Rio de Janeiro: Bazar do Tempo.

Espinosa, Yuderkys, Gómez, Diana, Lugones, Maria y Ochoa, Karina (2013). Reflexiones pedagógicas en torno al feminismo descolonial: Una conversa en cuatro. En C. Walsh (ed). *Pedagogías decoloniales: Prácticas insurgentes de resistir, (re)existir y (re)vivir*. Quito, Ecuador: Ediciones Abya-Yala.

Ferreira, Andrey Cordeiro (2014). Colonialismo, capitalismo e segmentaridade: nacionalismo e internacionalismo na teoria e política anticolonial e pós-colonial. *Revista Sociedade e Estado*, 29, 1, 255-288.

Jardim, G. de S., & Cavas, C. S. T. (2018). Pós-colonialismo e feminismo decolonial: caminhos para uma compreensão anti-essencialista do mundo. *Ponto-E-Vírgula*, 22, 73-91.

Lugones, María (2020). Colonialidade e gênero. In: Hollanda, Heloisa Buarque, *Pensamento feminista hoje: perspectivas decoloniais* (59-93). Rio de Janeiro: Bazar do Tempo.

Maldonado- Torres, Nelson (2008). A topologia do Ser e a geopolítica do conhecimento. Modernidade, império e colonialidade. *Revista Crítica de Ciências Sociais, 80*, 71-114.

Melià, Bartolomeu (1997). El Guaraní Conquistado y Reducido. *Ensaios de Etnohistoria*. 4.ª Ed. Asunción: CADUC - CEPAG.

Mignolo, Walter (2008). Desobediência epistêmica: a opção descolonial e o significado de identidade em política. *Cadernos de Letras da UFF, 34*, 287-324.

Mignolo, Walter (2004). Os esplendores e as misérias da «ciência»: colonialidade geopolítica do conhecimento e pluri-versalidade epistêmica.

In: Santos, B. de S. (org) *Conhecimento Prudente para uma vida Decente* (667-709). São Paulo: Cortez.

Oliveira, Luis Fernandes de e Candau, Vera Maria Ferrão (2013), Pedagogia decolonial y educación anti-racista e intercultural en Brasil. In.: Walsh, Catherine, *Pedagogías decoloniales: prácticas insurgentes de resistir, (re)existir y (re)vivir.* Tomo I (275-303). Quito, Ecuador: Ediciones Abya-Yala.

Pinto, Júlio & Mignolo, Walter (2015). A modernidade é de fato universal? Reemergência, desocidentalização e opção decolonial. *Civitas,* 15, 3, 381-402.

Quijano, Aníbal (1992). Colonialidad y Modernidad-racionalidad. *Revista del Instituto Indigenista Peruano, 13, 29,* 11-20.

Saviani, Dermeval (2007). *História das ideias pedagógicas no Brasil.* Campinas: Autores Associados, 2007.

Walsh, Catherine (2019). *Pedagogías decoloniales: prácticas insurgentes de resistir, (re)existir y (re)vivir.* Tomo II. Quito, Ecuador: Ediciones Abya-Yala.

Zapata, Manuel (1989). *Las claves mágicas de América.* Bogotá: Plaza and Janes.

# HISTÓRIA DO ENSINO PRIMÁRIO NA MADEIRA NOS SÉCULO XIX E XX (ATÉ 1974)

Maria Luciana Paredes
*Instituto de Educação da Universidade de Lisboa*

**Resumo:** A Ilha da Madeira desde cedo foi plataforma giratória no Império Português e portanto local de circulação da escrita e do ensino. Depois da criação das primeiras escolas régias no século XVIII, foram os órgãos da administração local, nomeadamente os municípios, que conjuntamente com entidades privadas, foram os principais responsáveis pelo fomento do Ensino Elementar, ao longo do século XIX. No século XX, a Junta Geral de Distrito foi o órgão administrativo que mais se destacou na difusão do Ensino. Esta investigação pretende demonstrar que a História do Ensino Primário na Madeira, ainda que tendo muitos pontos em comum com a História do Ensino Primário em Portugal, teve um percurso distinto.

**Palavras- chave:** Ilha da Madeira; História do Ensino Primário na Ilha da Madeira; Alfabetização; Escolas.

**Abstract:** From an early age, Madeira Island was an important port in the Portuguese Empire and a place where writing was present. After the creation of the first public schools in the 18th century, the local administration, namely the municipalities, together with private entities, were mainly responsible for promoting Elementary Education, throughout much of the 19th century. In the 20th century, the Junta Geral do Distrito was the administrative body that stood out most in the dissemination of Education. This investigation aims to demonstrate that the History of Primary Education in Madeira, despite having many points in common with the History of Primary Education in Portugal, had a different path.

**Keywords:** Madeira Island; History of Primary Schooling in Madeira Island; Literacy; Schools.

## Introdução

O principal objetivo desta investigação é estruturar e apresentar uma história do ensino na Madeira, desde o início do século XIX até 1974, referenciando os principais tempos de evolução do sistema escolar e a difusão da escolarização na sociedade madeirense, comparando-a com a realidade de Portugal continental. Este estudo será desenvolvido tendo em conta os grandes ciclos da história do arquipélago, designadamente nos aspetos geográfico, demográfico, sociocultural e urbanístico. São objetivos específicos desta proposta:

— Reconstituir a evolução da oferta escolar no ensino primário;
— Reconstituir os totais de população em idade escolar, população estudantil, população com aprovação escolar e índices de alfabetização;
— Comparar a evolução das estatísticas madeirenses referidas nos pontos anteriores com os dados estatísticos de Portugal continental;
— Reconstituir o contexto geográfico, social e administrativo da ilha ao longo dos séculos XIX e XX;
— Caracterizar e descrever a dinâmica dos municípios e da Junta Geral do Distrito Autónomo do Funchal no movimento de propagação do ensino.
— Apresentar uma síntese historiográfica sobre a escolarização na Ilha da Madeira.
— Realizar uma análise comparativa entre a historiografia do Ensino Primário na Madeira e a historiografia do Ensino Primário em Portugal, respondendo às perguntas: quais as semelhanças e diferenças entre a evolução do ensino na Madeira e em Portugal continental? Quais os principais órgãos e agentes de difusão do ensino nestes dois territórios? De que forma é que as condicionantes locais exigiram soluções diferentes das aplicadas no território continental? A que se deve ter persistido na Madeira uma taxa de analfabetismo consideravelmente mais elevada?

Para este estudo foi feita uma análise ao contexto madeirense e às suas características específicas, isto é particularmente relevante para evidenciar o impacto das circunstâncias geográficas, sociais e económicas no ensino ao longo de todo o período estudado. Também foram detalhadamente exploradas fontes primárias, a fim de se construir uma historiografia do ensino primário na Madeira. A partir do cruzamento das questões estruturais com as questões conjunturais elaborar-se-á a tese proposta propriamente dita: defende-se que a difusão do ensino primário na Madeira teve características muito próprias e ficou a dever-se essencialmente a dinâmicas regionais e locais, bem como à ação de personalidades e autoridades administrativas locais. O papel do Governo nacional consistiu na implementação de medidas que permitiram que as estruturas locais, designadamente, a Junta Geral e os Municípios, tivessem o poder e os meios necessários para difundir o ensino. No entanto, enquanto a dotação e a administração da instrução pública estiveram a cargo do Governo Central, a alfabetização evoluiu de forma mais lenta do que no resto do país.

## Epígrafe i - história do ensino primário na Madeira

Até o século XVIII o ensino na Madeira foi assegurado pela Igreja Católica, nomeadamente pelos Jesuítas. Com a expulsão da Companhia de Jesus em 1759, o ensino passa para a esfera do Estado. O *Elucidário Madeirense* regista que

> Pela lei de 6 de Novembro de 1772 foram estabelecidas seis escolas primárias na Madeira, sendo duas no Funchal e uma em cada uma das vilas de Machico, Santa Cruz, Ponta do Sol e Calheta; e por 1793, foi criada uma escola primária no Campanário, sendo dotadas mais tarde com o mesmo benefício as vilas de S. Vicente e Porto Santo (Silva; Meneses, 1940: 404).

A manutenção e a consolidação desta rede de escolas públicas gratuitas exigia meios financeiros. Para isso criou-se o subsídio literário: imposto sobre o vinho, a aguardente e o vinagre, cujo valor revertia para o pagamento dos vencimentos dos professores. No entanto, «o facto de a Madeira, como região produtora de vinho, pagar o imposto do Subsidio Literário (...), contrastava com a evidente insuficiência de instituições oficiais de ensino no arquipélago» (Fernandes, 1992: 3). Efetivamente, existia um número muito reduzido de escolas tendo em conta a extensão e a população da ilha. Surgem, entretanto, iniciativas particulares benévolas que procuram suprir a falta da escola oficial. É exemplo disso a escola Lancasteriana, fundada em 1819. «Foi o súbdito inglês José Phelps quem introduziu na Madeira o ensino mutuo pelo sistema Lancaster» (Silva; Meneses, 1940: 401).

Com a restauração da monarquia constitucional, é aprovado o decreto-lei de 7 de setembro de 1835 que determina que a instrução primária «será administrada gratuitamente a todos os cidadãos em escolas públicas para esse fim estabelecidas pelo Governo, pelas Câmaras Municipais ou pelas Juntas de Paróquia». No entanto, até 1848, o Estado apenas criaria mais 4 escolas.

A reforma de 20 de setembro de 1844 previa que os pais ou tutores tinha a obrigação de mandar os seus filhos frequentar a escola. O não cumprimento dessa regra previa o pagamento de multas que iam desde 500 até 1$000 reis.

> Esta lei não era para se cumprir. Para além das exceções previstas na lei aprovada em 1844, os diversos constrangimentos de natureza orçamental, os escassos rendimentos das famílias, as dificuldades de deslocação resultantes da exiguidade e precariedade da rede viária, as dificuldades de provimento dos professores e os entraves decorrentes das mentalidades das famílias das zonas rurais que consideravam o trabalho do campo mais importante do que frequentar a escola, obstaculizavam a missão, quase impossível ou de extrema dificuldade, de aumentar a taxa de escolarização e de alfabetização (Sousa, 2019: 273).

Ainda que o número de crianças a frequentar a escola aumentasse ao longo do século XIX, esta evolução foi muito irregular e muito lenta. Nesta época a iniciativa privada e municipal procuram colmatar a falta de escolas públicas. Em 1900, 55% dos alunos frequentava o ensino particular.

No último ano do século XIX, apenas 13% dos madeirenses com 10 ou mais anos de idade eram alfabetizados, o nível de iliteracia era, portanto, elevadíssimo. Várias circunstâncias poderão ajudar a explicar este facto. Em primeiro lugar, o isolamento das populações, nomeadamente, na zona Norte da ilha, cuja orografia acidentada dificultava as comunicações e tornava extremamente dispendiosa a construção de estradas.

Em 1866 foi delineado um plano viário, que previa a construção de seis estradas reais. Estas só começaram a ser projetadas «mais de vinte anos depois por via dos recursos disponibilizados pela lei de 21 de julho de 1887» (Mota, 2016: 134). A construção destas estradas foi notoriamente lenta e fragmentária: no dealbar do século XX, esta rede viária ainda não estava completa. O resultado óbvio de tamanho isolamento das povoações existentes era a impossibilidade de escoar produtos do Norte para o Sul: vivia-se num regime de economia direta, onde a cultura escrita não só não tinha utilidade para as famílias, como também tinha dificuldade em as alcançar.

Em 1911 deu-se a implantação da República em Portugal. O regime republicano acreditava que a instrução mudaria o país, pelo que fez um grande investimento na criação de uma rede de escolas móveis, bem como na criação de escolas infantis ou jardins-escolas nas capitais de distrito, alterando conteúdos programáticos e métodos pedagógicos. O Funchal foi o concelho madeirense que mais beneficiou destas medidas, tendo sido dotado de várias escolas públicas e de duas escolas centrais. Ainda assim, a taxa de analfabetismo de madeirenses com 10 ou mais anos decresce apenas 7% no espaço de quase 20 anos. De facto, «o esforço em prol da instrução popular parece ter sido impressionante embora aqui a realidade não tenha acompanhado, de modo algum, as aspirações dos reformadores republicanos» (Pintassilgo, 1998: 52-53).

No caso específico da Madeira para conseguir alcançar os fins almejados era preciso ultrapassar vários desafios de ordem social, administrativa e geográfica. Em 1913, por exemplo, a Junta Geral contraiu um empréstimo para construir uma rede de estradas que minorasse os problemas de comunicação que se verificavam na ilha. Ou porque as estradas reais projetadas vinte anos antes não tinham sido todas completadas, ou porque estavam muito deterioradas, o certo é que «das 240 empreitadas de estradas adjudicadas pela Junta Geral entre 1913 e 1917, a esmagadora maioria refere-se a obras de conservação, remodelação, calcetamento de lanços de antigas estradas reais, e não à construção de novos traçados» (Mota, 2016: 138). A comunicação entre as diversas zonas da ilha tornou-se mais fácil, mas em 1922, como refere o *Elucidário Madeirense,* em «muitos pontos da costa norte, e mesmo da do sul, a viação se encontra no mesmo estado em que estava no tempo dos donatários» (Silva; Meneses, 1940: p. 417).

Durante o período da 1.ª República, as privações impostas pela 1.ª Grande Guerra e a instabilidade política vivida na época em nada favoreceram o desenvolvimento do projeto educativo republicano.

Em termos sociais, a situação de extrema pobreza de grande parte da população mantinha-se, as populações dependiam da terra para viver e não viam benefício nenhum em saber ler e escrever.

A alfabetização da população madeirense afigurava-se como uma tarefa hercúlea. Passados um século desde a instauração do regime liberal que pregava as virtudes do ensino, e 86 anos desde que pela primeira vez se promulgara a obrigatoriedade do ensino primário, 71% da população madeirense com 10 ou mais anos era analfabeta.

O golpe militar de 28 de maio de 1926 deu início a um novo regime que lançou as bases do Estado Novo. É então que a instrução primária passa para a esfera de atuação da Junta Geral, que ao longo dos quarenta anos seguintes terá a difícil responsabilidade de combater o analfabetismo no arquipélago.

A ação Junta faz-se sentir desde os anos 30 do século XX, mas é a partir dos anos 40 que se assiste a um crescimento exponencial. Em cinco anos (de 1942 para 1947) a percentagem de crianças em idade escolar inscritas na escola passou para 56,2%. Para esta melhoria contribuíram as parcerias celebradas entre a Junta Geral e a iniciativa privada, a criação da Escola do Magistério Primário do Funchal (em 1943) e implementação do Plano dos Centenários que edificou algumas escolas de raiz.

A par de tudo isto, a rede viária sofreu alterações importantes que melhoraram significativamente a comunicação entre as diversas zonas da ilha. As reformas autonómicas de 1928 resultaram num maior poder administrativo e financeiro da Junta, que pôde investir, entre outras coisas, na construção de estradas. A construção de estradas teve um profundo impacto na vida da sociedade madeirense. Passou a ser mais fácil escoar produtos, portanto, desenvolveu-se uma economia de mercado e consequentemente o setor terciário cresceu. O crescimento do setor terciário exigia uma população com habilitações literárias, as famílias começaram a ver a escola como um elemento promotor de ascensão social. Em 1950 72,4% das crianças em idade escolar frequentavam a escola; ainda assim e 49% da população com mais de 10 anos sabia ler e escrever.

A partir dos «anos 60, o acesso generalizado das crianças em idade escolar à educação tornou-se um dado adquirido» (*ibidem*). A taxa de alfabetização da população com 10 ou mais anos subira de 49% para 62%. O reduzido crescimento de 1960 para 1970 (de 62% para 67%) faz supor que faltava alfabetizar essencialmente a população adulta. O analfabetismo irá decrescer para valores praticamente sem expressão já sob a 3.ª República.

## CONCLUSÃO

A Madeira, ainda mais do que o resto do país, prolongou elevadas taxas de analfabetismo até meados do século XX. Várias razões justificam este atraso e tornam a história do ensino primário um caso único. A hipótese que se coloca é que o desenvolvimento do ensino primário na ilha dependeu essencialmente das estruturas administrativas locais — a Junta Geral e os Municípios.

A condição insular da ilha da Madeira implicou sempre com a sua administração. Afastada do Governo Central, a sua realidade era desconhecida pela maioria dos seus governantes, que legislava com pouco conhecimento de causa. Grande parte das reformas educativas implementadas durante o período estudado estavam completamente desadequadas à realidade madeirense.

Quando a Junta Geral passa a estar responsável pelo ensino é que este realmente evolui. De facto, entre 1930/1931 e 1960/1960 o número de escolas na Madeira cresce cerca 44% a cada dez anos, enquanto no país cresce em média 26% no mesmo período temporal. O mesmo acontece com o número de alunos matriculados no ensino oficial que cresceu em média 27% em todo o país entre 1930/1931 e 1960/1961 e na Madeira aumentou em média 64% a cada dez anos.

Por outro lado, foi a administração municipal que, ao longo de quase dois séculos e diferentes formas, mobilizou o apoio de parti-culares, promoveu a frequência escolar e até garantiu algum nível de controlo sobre a escola e o que nela acontecia. Esta estrutura foi um elemento-chave da construção da rede de ensino oficial e na garantia do cumprimento de obrigatoriedade escolar.

## Referências

Fernandes, Rogério (1992), *Educação e ensino popular na Madeira (século XVIII-1840)*, Coimbra, Universidade de Coimbra.

Mota, Nuno, «Rede viária: A prioridade da administração distrital», em Arquivo Regional da Madeira (ed.), *Junta geral do distrito do Funchal (1836-1976). Administração e história*, Funchal: Secretaria Regional da Economia, Turismo e Cultura, Direção Regional da Cultura e Arquivo Regional da Madeira, 2016, pp. 129-152.

Pintassilgo, Joaquim, (1998), *República e formação de cidadãos. A educação cívica nas escolas primárias da primeira república portuguesa*, Lisboa, Edições Colibri.

Silva, Fernando Augusto; Meneses, Carlos Azevedo (1940), *Elucidário madeirense*, vol. 1, 2.ª edição, Funchal, Junta Geral do Distrito do Funchal.

Sousa, Jorge Moreia (2019), «Alfabetização», em Franco, José Eduardo & Trindade, Cristina (coord.), *Madeira Global: Grande dicionário enciclopédico da Madeira*, Lisboa, Theya Editores.

# LA EDUCACIÓN A TRAVÉS DEL NO-DO
# (1943-1981)

María Dolores Molina Poveda
*Universidad de Málaga*

**Resumen:** El régimen franquista creó en 1942 «NO-DO» como un medio de propaganda e información de aquellos acontecimientos que el régimen consideraba de interés. Dentro de las diversas noticias y temas filmados y mostrados en la gran pantalla destaca el de la educación. El objetivo de este estudio es conocer qué se mostró sobre la educación formal, no formal e infantil no universitaria en NO-DO (1943-1981), encontrando que la mayoría de las noticias fueron sobre la educación formal no universitaria, seguidas de las de la Sección Femenina, Frente de Juventudes y Centros benéficos-asistenciales.

**Palabras clave:** Historia de la educación; NO-DO; Franquismo.

**Abstract:** In 1942, the Franco regime created «NO-DO» as a means of propaganda and information about events that the regime considered to be of interest. Among the various news and topics filmed and shown on the big screen, education stands out. The aim of this study is to find out what was shown about formal, non-formal and non-university education in NO-DO (1943-1981). We found that most of the news items were about formal non-university education, followed by those about the Sección Femenina, the Frente de Juventudes and Charity and Welfare Centres.

**Keywords:** History of education; NO-DO; Francoism.

## Introducción

El 4 de enero de 1943, los cines españoles comenzaron la sesión con la emisión de un nuevo noticiario, con carácter obligatorio, cuyo objetivo era informar y mostrar determinadas noticias sobre las «maravillas» de España y del resurgir de la Patria, además de educar e instruir a los españoles y que estos cambiasen aquellas ideas «perniciosas» promulgadas por la Segunda República por aquellas ideas «verdaderas» del franquismo (Reglamento para la organización y funcionamiento de la entidad productora, editora y distribuidora cinematográfica de carácter oficial «NO-DO». 29 de septiembre de 1942). Este noticiario fue producido por NO-DO (siglas de «NOticiarios y DOcumentales Cinematográficos»), una entidad productora, editora y distribuidora cinematográfica creada por el régimen franquista a finales de 1942 debido a una acumulación de circunstancias externas e internas que llevaron al régimen a disponer de sus propios noticiarios y dejar de depender de los extranjeros. NO-DO estuvo vigente hasta 1981, aunque a partir de 1975 la emisión de estos noticiarios dejó de ser obligatoria

Partiendo de este punto, principalmente de la pretensión del régimen de educar e instruir a los españoles a través de este medio propagandístico, esta investigación tiene como objetivo general conocer qué aspectos de la educación no universitaria (formal y no formal) eran representados a través del NO-DO (1943-1981) y cómo. Además, se plantea la hipótesis de que los aspectos de la educación que se mostraban en el NO-DO (1943-1981) estaban bajo un velo que difuminaba la realidad. Esto se debía a que NO-DO, al ser un organismo creado por un régimen dictatorial, aunque se siguiese proyectando durante la transición y los primeros años de la democracia, consideramos que las situaciones y los actos educativos que se presentaban estaban bajo un velo que los edulcoraba y, por ello, se comparó lo representado en esta fuente audiovisual con lo que se explica en las fuentes complementarias (legislación, libros, artículos...) y así obtener una idea más general de cómo querían mostrar que era la educación del régimen. De manera más específica, los objetivos que pretendemos alcanzar con este estudio son:

— Analizar qué aspectos y niveles de la educación formal no universitaria fueron transmitidos a través del NO-DO (1943-1981) y si había algún nivel o niveles educativo/s más representados que otros.
— Investigar los puntos característicos y diferenciadores de la educación de la mujer y del hombre que se muestran en el NO-DO (1943-1981).
— Saber cuál era la labor de la Sección Femenina, del Frente de Juventudes y de otras organizaciones juveniles en la educación de los jóvenes españoles de la época, según lo que se expone en el NO-DO (1943-1981).
— Comprobar si en el NO-DO (1943-1981) aparecen otras instituciones que también colaboraban en la educación de la infancia, de la juventud y de los adultos.

Para comprobar dicha hipótesis y alcanzar los objetivos propuestos se ha utilizado el método histórico-educativo (Ruiz Berrio, 1997), siendo NO-DO la fuente primaria principal, aunque también se utilizaron diferentes fuentes complementarias. Durante el proceso de recopilación y tratamiento de los datos se seleccionaron las secciones de NO-DO que se iban a analizar, ya que este está constituido por cinco secciones propias (Noticiarios, Documentales en Blanco y Negro, Documentales en Color, Revista Imágenes e Imágenes del Deporte) más dos secciones (Archivo Real y Archivo Histórico) que fueron producidas por otras entidades y adquiridas o intercambiadas por NO-DO. En esta investigación se visionaron y seleccionaron los noticiarios y documentales correspondientes a las cinco secciones propias de NO-DO que trataban sobre la educación formal, no formal e informal no universitaria, obteniendo una muestra de 729 noticias, documentales y reportajes. La información extraída de cada noticiario y documental de NO-DO fue recogida en una ficha de observación (sección de NO-DO; categoría; número y fecha del vídeo; nombre de la institución y ubicación; descripción de la escena; y *voz en off)* y los diferentes números se categorizaron atendiendo a la siguiente tabla:

TABLA 1
CATEGORÍAS Y SUBCATEGORÍAS SOBRE EDUCACIÓN

| *Educación formal no universitaria* | *Frente de Juventudes* | *Sección Femenina* | *Centros benéficos-asistenciales* |
|---|---|---|---|
| Educación Preescolar | Campamentos, peregrinaciones, albergues… | Albergues | Auxilio Social |
| Educación Primaria/ EGB | Cursos, exhibiciones, campeonatos deportivos… | Cursos, exhibiciones, campeonatos deportivos… | Cajas de Ahorros |
| Bachillerato | Colegios menores | Cátedras ambulantes | Protección de menores |
| Formación Profesional | Escuela de flechas navales | Coros y danzas | Diputación provincial |
| Enseñanzas artísticas | Academias de mandos | Cursos y colegios | Aldeas infantiles SOS |
| Libro blanco y LGE | Consejos/ concentraciones nacionales | Consejos/ concentraciones nacionales | Ciudad de los muchachos |
| Cursos, exhibiciones, campeonatos deportivos… | Otras actividades | Otras actividades | Centros tuberculosis y lepra |
| | | | Otros centros benéfico-asistenciales… |

Fuente: elaboración propia.

## RESULTADOS

Las escenas que NO-DO transmitió presentaban una pequeña parte de la realidad educativa de la época, seleccionando solo aquellos acontecimientos que favoreciesen al régimen. Las escenas transmitidas por el NO-DO «deben hacernos pensar en todas aquellas que no han sido grabadas o mostradas, que eran ocultadas porque no interesaba que formasen parte del imaginario colectivo, dado que, probablemente, las que no formaban parte de ese imaginario eran las que ahí aparecían» (Molina Poveda y Sanchidrián Blanco, 2020: 151-152). NO-DO, por lo tanto, transmitía la cara más amable que podía ofrecer del sistema educativo, lo que nos ha llevado a observar cada noticia, documental y reportaje como un producto de su contexto cultural e ideológico, al ser un medio utilizado con objetivos propagandísticos.

Había ocasiones en que estas imágenes eran utilizadas en más de un número, ya que Revistas Imágenes o los documentales recurrían a imágenes de archivo o a las ya presentadas en el noticiario para contar la misma noticia o una similar. NO-DO también tendía a mostrar imágenes y a narrar temáticas muy similares entre diferentes noticias, como si los mismos hechos se sucediesen año tras año, de forma cíclica, lo que también llevaba a ese escaso interés de la noticia al presentar lo mismo o aspectos similares (Sánchez-Biosca, 2005; Tranche y Sánchez-Biosca, 2018).

Cuando analizamos una película, un noticiario, un documental o un reportaje, es importante centrarnos en lo general y en lo particular. NO-DO emitió, como se ha indicado, 729 noticias, documentales y reportajes sobre temas educativos. Si nos centramos en las cuatro categorías establecidas, la más representada fue la «Educación formal no universitaria» con un total de 381 noticias (52%), seguida de la categoría de «Sección Femenina» con 144 noticias (20%), «Frente de Juventudes» con 112 noticias (15%) y «Centros benéficos-asistenciales» con 92 noticias (13%). Estos datos denotan una fuerte presencia de la educación formal no universitaria. Si ponemos el foco en todas las noticias encontramos situaciones o temáticas similares entre las diferentes categorías como, por ejemplo, las visitas que Franco, su esposa u otras autoridades realizaban, ya fuese para inaugurar los centros, clausurar o iniciar algún curso o por otros motivos como la celebración de un aniversario o de una competición deportiva, etc.

La «Educación formal no universitaria» es la categoría más representada en el NO-DO. Dentro de esta categoría encontramos diversas subcategorías (Tabla I) de las que destaca la Formación Profesional, el nivel educativo más mostrado (167 noticias, reportajes y documentales), y en contraposición se encuentra la Educación Preescolar como el nivel educativo menos representado (10 noticias, reportajes y documentales). Esto se debe a dos motivos: el primero es el desinterés del régimen franquista por este nivel, ya que la educación de los niños en estas edades estaba ligada a la madre, al papel de la mujer en la sociedad, invisibilizando a la mujer trabajadora; y el segundo corresponde con que la Educación Preescolar fue impulsada en algunas zonas rurales y urbanas por diversas instituciones como Auxilio Social, las Cajas de Ahorros, el Ministerio de la Vivienda, las obras sindicales, los sindicatos nacionales, entre otras organizaciones, es decir, donde había un porcentaje más elevado de mujeres trabajadoras. Las noticias sobre estos centros no están incluidas en la categoría de «Educación formal no universitaria», sino en la de «Centros benéficos-asistenciales».

Del resto de niveles educativos se mostraron 52 noticias sobre la Educación Primaria, 22 sobre el Bachillerato, 41 sobre las enseñanzas artísticas; 8 sobre el Libro Blanco y la Ley General de Educación (LGE) y 81 sobre cursos, exhibiciones y campeonatos deportivos escolares. Queremos destacar el escaso número de noticias sobre el Bachillerato, pues NO-DO se centró en hacer propaganda sobre la Formación Profesional, al ser un nivel educativo enfocado a las clases humildes y a la necesidad de mano de obra; mientras que el Bachillerato estaba destinado para la élite.

Por otro lado, la mayoría de las noticias que se mostraron de la Educación Primaria, Bachillerato y Formación Profesional se caracterizaron por tratar sobre nuevas construcciones e inauguraciones escolares, ya que 28 de los 52 números sobre la Educación Primaria, 11 de los 22 números sobre Bachillerato y 47 de los 167 números sobre Formación Profesional trataron sobre este tema. Esto es una muestra más de que NO-DO era un medio propagandístico utilizado por el régimen para difundir su gran labor en la construcción de nuevos edificios escolares, aunque estos fuesen insuficientes y muchos de ellos no estuviesen bien dotados, y para promocionar a Franco, ministros y otras autoridades que asistían a las inauguraciones.

Del resto de categorías, la «Sección Femenina» fue la segunda más representada en NO-DO con 144 noticias, documentales y reportajes. Si nos centramos en las subcategorías, el medio propagandístico mostró un mayor interés por los cursos y colegios de la Sección Femenina (24%), seguido por los coros y danzas y los consejos y concentraciones nacionales (ambos con un 20%) y por otras actividades realizadas por este organismo (14%). Las subcategorías menos mostradas fueron los albergues (9%), los cursos, exhibiciones y campeonatos deportivos (7%) y las cátedras ambulantes (6%).

Del «Frente de Juventudes» se emitieron 112 noticias, documentales y reportajes, siendo la subcategoría de campamentos, peregrinaciones y albergues (36%) la más filmada por NO-DO. Los cursos, exhibiciones y campeonatos deportivos (25%), así como los consejos y concentraciones nacionales (22%) también fueron de interés para este medio propagandístico; siendo otras actividades (5%), las academias de mandos (5%), los colegios menores (4%) y la escuela de flechas navales (3%) los menos filmados y mostrados en NO-DO.

Para finalizar, la categoría de «Centros benéfico-asistenciales» fue mostrada en 92 noticias, documentales y reportajes. Dentro de esta categoría, los centros de Auxilio Social fueron los más mostrados por NO-DO (43%), ya que era una de las obras más importantes del régimen y así era transmitido por dicho medio. Las subcategorías que también tuvieron interés para NO-DO fueron otros centros benéfico-asistenciales (16%), los centros de la Diputación provincial (11%), los fundados por las Cajas de Ahorros (9%), los centros de protección de menores (7%), la Ciudad de los muchachos (7%), las instituciones para las personas con tuberculosis o lepra (5%), y las Aldeas infantiles SOS (2%).

## CONCLUSIONES

NO-DO fue una de las ventanas más importantes del franquismo para transmitir su doctrina y por la que los españoles debían mirar y nutrirse de ella. Sus imágenes supusieron la creación de una cultura visual que tenía como objetivo poner «El mundo entero al alcance de todos los españoles», tal y como rezaba su eslogan, aunque dicho mundo estuviese supeditado a la doctrina del régimen. NO-DO mostró diversos temas, aunque estos destacaron por ser laxos y banales. De entre dichos temas destaca la educación, motivo por el que hemos utilizado NO-DO con el objetivo de conocer qué transmitió NO-DO, desde 1943 hasta 1981, sobre la educación formal, no formal e informal no universitaria.

La educación que el NO-DO mostró estuvo supeditada a un carácter cíclico, al mostrar noticias de temática similar a lo largo de los años. Las competiciones deportivas, las inauguraciones de centros educativos, las exhibiciones gimnásticas y de danzas que se realizaban, las concentraciones y consejos nacionales del Frente de Juventudes y de la Sección Femenina, la labor realizada en los centros de Auxilio Social, etc., fueron noticias recurrentes por NO-DO, con lo que se pretendía demostrar el poder del régimen en el ámbito educativo y el «interés» que tenía hacia la educación y hacia las diversas instituciones y organismos que lo hacían posible.

## REFERENCIAS

Molina Poveda, María Dolores; Sanchidrián Blanco, Carmen, «La formación profesional vista a través de NO-DO (1943-1981): Propaganda e ideología en un pasado reciente», *Espacio, Tiempo y Educación*, n.º 2, vol. 7 (2020), pp. 135-156.

Reglamento para la organización y funcionamiento de la entidad productora, editora y distribuidora cinematográfica de carácter oficial «NO-DO». 29 de septiembre de 1942.

Ruiz Berrio, Julio, «El método histórico en la investigación histórico-educativa», en Gabriel, Narciso de; Viñao Frago, Antonio (eds.),

*La investigación histórico-educativa: tendencias actuales*, Barcelona, Ronsel D.L., 1997, pp. 131-202.

Sánchez-Biosca, Vicente, «NO-DO, icono del franquismo», *Letra internacional*, n.º 88 (2005), pp. 29-38.

Tranche, Rafael R.; Sánchez-Biosca, Vicente (2018), *NO-DO. El tiempo y la memoria*, Madrid, Cátedra.

# LAS PRÁCTICAS ESCOLARES A PARTIR DE LOS CUADERNOS ESCOLARES

## Pedagogía e ideología en el franquismo del País Vasco

Peio Manterola Pavo
*Universidad del País Vasco/Euskal Herriko Unibertsitatea*
*(UPV/EHU)*

**Resumen:** Siempre han llamado la atención las metodologías, el uso del euskera y el vasquismo que se presentaban en el colegio que abrió Elbira Zipitria en pleno franquismo. Pero nos consta que la ideología de ella también se reflejó en su actividad pedagógica, lo cual convierte el objetivo de este trabajo en acercarse a los ideales pedagógicos y políticos de Zipitria a partir de los cuadernos escolares del Museo de la Educación de la UPV/EHU. Después de analizar dichos cuadernos, se ha concluido que, para Zipitria, su escuela era una herramienta para formar a los vascos y vascas en un nacionalismo tradicional, en un contexto en el que este se iba degradando cada vez más.

**Palabras clave:** Historia de la educación; Elbira Zipitria; ideología; pensamiento

**Abstract:** The methodologies, the use of the Basque language and the Basqueism presented in the school opened by Elbira Zipitria in the midst of Franco's dictatorship have always attracted our attention. But we know that her ideology was also reflected in her pedagogical activity, which makes the aim of this work to approach Zipitria's pedagogical and political ideals from the school notebooks of the Education Museum of the UPV/EHU. After analysing these notebooks, it has been concluded that, for Zipitria, his school was a tool for training Basques in traditional nationalism, in a context in which this was becoming increasingly degraded.

**Keywords:** History of Education; Elbira Zipitria; ideology; thought.

## Introducción

El cuaderno escolar ha sido un producto editorial y escolar necesario para impulsar la denominada «escuela para todos y todas» (Castillo, 2010), pues, al tratarse de un material cuya elaboración queda casi íntegramente a disposición del alumnado, lo hace especialmente versátil para atender a grandes grupos de estudiantes (Meda, 2010). En parte, por dicha virtud, el cuaderno escolar también funciona en carácter de contenedor de ejercicios y actividades llevados a cabo en el interior de las clases (Montino, 2010). Es por ello, por lo que el cuaderno se ha convertido en una fuente de primera orden para el estudio de la historia de la educación, de las culturas escolares y del patrimonio histórico-educativo.

Una de las épocas que más interés ha generado en lo respectivo al estudio de los cuadernos escolares, es el franquismo. En los cuadernos escolares elaborados en dicha época, se puede observar como «el niño escribe, y al escribir, va haciendo suyo el mensaje que se transmite. Los contenidos van moldeando su personalidad y moralidad» (Martín & Ramos, 2015: 78). En ese sentido, nos podemos encontrar con varios estudios que reflejan la formación del espíritu nacional que se llevó a cabo en las escuelas durante la dictadura de Franco.

No obstante, en el País Vasco, y especialmente en Gipuzkoa, empezaron a surgir alternativas nacionalistas como la escuela de Zipitria, de la cual, el Museo de la Educación de la UPV/EHU posee un volumen de 142 cuadernos escolares. Dicho esto, el objetivo de esta comunicación es exponer lo que supuso la práctica pedagógica e ideológica de Elbira Zipitria, y enriquecer dicha exposición mediante cuadernos escolares.

## Elbira Zipitria y su escuela

Elbira Zipitria, una experimentada maestra y militante de la sección femenina del Partido Nacionalista Vasco (PNV), una vez concluida la guerra civil, regresa a Donostia y en 1946 abre su escuela doméstica o *etxe-eskola*. Su cualificada militancia le exigía desempeñar el papel que tradicionalmente se atribuía a las mujeres en el nacionalismo vasco: el cuidado, la educación y la formación de las futuras generaciones vascas (Fernandez, 1994). No obstante, también dio cabida al ámbito teórico y divulgativo a partir de sus conferencias y escritos (Abasolo *et al.*, 2004), sin embargo, al no haber redactado nada sobre sus métodos pedagógicos, los cuadernos de sus alumnos/as son de las únicas herramientas pueden llevarnos a analizar su pensamiento pedagógico.

La actividad pedagógica de la maestra estaba impregnada de la ideología que Fernandez (1994) define como «nacionalismo tradicional vasco». Es por ello, por lo que desde su concepción vasquista no pretendía expandir el euskera, sino conservarlo en las familias originariamente vascas. Es más: el primer requisito que debía cumplir el alumnado era que los padres fuesen vascos (Abasolo *et al.*, 2004). En el fondo, Zipitria, era una mujer de su época, y el nacionalismo religioso —incluso integrista— de Arana que se encontraba en vilo antes de la guerra influyó directamente en ella (Elustondo, 2022), al igual que en su práctica pedagógica. Aunque se situaba en la tradición del nacionalismo vasco, en cuanto a los aspectos educativos y didácticos, forma parte de la vanguardia del siglo XX. Es más: se la ha considerado impulsora de la «Nueva Escuela Vasca» (Abasolo *et al.*, 2004).

En la práctica, Elbira tuvo elementos diferenciales tanto en la selección del material educativo, como en la organización escolar. Son conocidas las canicas, castañas y/o hojas con las que enseñaba las matemáticas, su aprovechamiento de los palillos para enseñar a escribir y leer, la utilización de los libros de lectura como *Xabiertxo* y *Martín Txilibitu*, el dibujo y la literatura como medio para incorporar el patriotismo a los alumnos, la importancia que daba a conocer las salidas y la comunidad, el multilingüismo, la escuela sin distinción de género, etc. (Abasolo et al, 2004; Elustondo, 2022). Por si eso fuera poco, los trabajos se ajustaban a las capacidades de cada niño, los ritmos de trabajo que se fijaban y las responsabilidades que se repartían (Urbe, 2019). No obstante, la principal novedad de Elbira no lo constituyeron los métodos más o menos progresistas, sino el impulso un modelo de escuela basado en la instrucción a través del euskera cuando dicho idioma estaba prohibido (Fernandez, 1994).

## LOS CUADERNOS DE ZIPRITA

Desde el momento en que empezamos a leer los cuadernos de Zipitria, detectamos al menos tres aspectos lingüísticos que nos dan pistas en torno a su ideología lingüística:

1. Uso del guipuzcoano. Tenía una actitud contraria al euskera unificado y, en parte, un pensamiento purista que se resume con sus palabras: «El espíritu trae la vida, la letra mata».
2. Neologismos. Se puede encontrar neologismos sabinianos cuyo objetivo era proteger el euskera de todo tipo de idioma extranjero y extranjerizante.
3. Uso tanto del francés como del castellano. Abasolo et al. (2004) aseguran que, a juicio de Zipitria, suponían la riqueza de todas las lenguas, pero Fernandez (1994) señala que el uso del castellano y del francés se ponía en marcha para que los alumnos pudieran pasar al bachillerato. De alguna manera, la ideología lingüística externa obligó a Zipitria a enseñar a sus alumnos lenguas que no eran el euskera.

En cuanto a las materias, la literatura, la geografía, el dibujo, el conocimiento del entorno y las matemáticas tienen mucha fuerza. Sorprende, el escaso o casi nulo espacio que la historia adopta como conocimiento escolar. Una de las razones puede ser que, los relatos históricos estuviesen subordinados a los estados-nación, aunque la tradición ha sido patrimonio de las naciones coloniales. Parece ser que Zipitria sustituía la historia por la tradición, ya que lo refleja a menudo, a través de la literatura, la iconografía o las celebraciones vascas. Además, lo que se pretendía con el recuerdo de las fiestas cercanas era motivar a los niños a través de los acontecimientos que les rodeaban. Así, como ejemplo, se puede presentar la ilustración y parte del canto con el que se conmemoró Santa Águeda (Figura 1). La imagen tiene, además, un papel ideológico importante: por un lado, se transmite a través de la estética la forma de desenvolverse de los vascos y, ligado a ello, se da implícitamente cuenta de la concepción de género de la época, ya que antes sólo los varones podían salir a cantar en dicha fiesta. Por lo demás, el texto que acompaña al dibujo resume la importancia de la tradición y costumbres vascas: «Agate Deuna [...] Euskaldunen oitura edeŕak/guk berpiztu nai ditugu/oŕegatik zuregana gatoz/aguŕik xamuŕena artu».

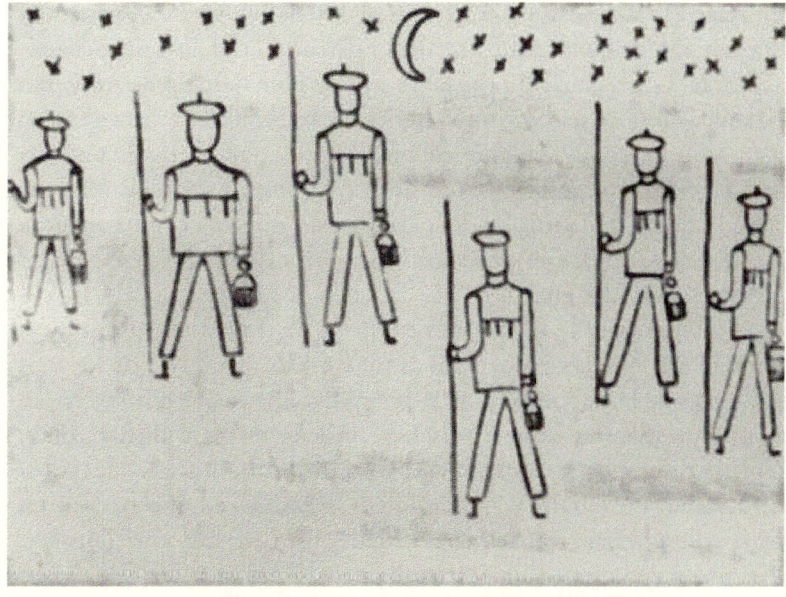

Figura 1. Representación de Santa Águeda en un cuaderno.
Fuente: Museo de la Educación de la UPV/EHU.

La literatura de los cuadernos también lo refleja perfectamente la ideología, ya que a ella se le aprecian claros signos de bucolismo. Según Elorza (1977), en la literatura producida desde sus inicios por el nacionalismo vasco se ha idealizado la tradición vasca combinándola tanto con el medio rural como con los entornos naturales y, de paso, ha creado una historiografía basada en el mito. Es más, Fernandez (1994) dice que Elbira aparece ideológicamente ligada a la representación rural y romántica de la sociedad vasca, lo cual se observa en las manifestaciones de lo natural y lo religioso. Así, no es de extrañar que nos encontremos con canciones como *Bultzi leiotil* de Lizardi o *Eguzkia Mendi Artetik* de Arana y paisajes naturales dibujados al lado de dichos poemas.

En cualquier caso, conviene destacar que algunas producciones literarias con signos menos claros de bucolismo también tienen metas ideológicas. Por ejemplo, la canción *Gora ta gora* compuesta por Arana Goiri, se usa con motivo de festejar el *Aberri Eguna*, pero esta canción originalmente vizcaína, aparece escrita en guipuzcoano: «Gora ta Gora Euzkadi/aintza ta aintza/bere Jaunaren./Aritz bat Bizkaiko da./Zar sendo zindo./Bera ta bere lagialakua/aritz gainean degu/gurutza deuna/beti gure goi buru/Abestu gora Euzkadi/aintza ta aintza/bere goiko Jauna». En definitiva, el canto nacionalista recoge todas las ideas tradicionales del partido y de Zipitria: el cristianismo, el árbol de Gernika, el dialecto, la ausencia de la «H» que evita el euskera unificado, etc.

Sin embargo, la forma más explícita de trabajar la visión de la patria, y a la que los niños y niñas tienen acceso a través de los ojos es a través de la elaboración de la geografía. Los cuadernos nos hacen ver que la maestra donostiarra hizo uso de textos e ilustraciones. Zipitria no perdía la oportunidad de transmitir a los/as educandos/as su visión nacionalista y, como hemos podido comprobar, en un texto utilizado para trabajar el castellano, hizo escribir a los alumnos: «Nosotros vivimos en una tierra llamada Euzkadi. Otros viven en las tierras de alrededor. Otros en otras tierras que están muy lejos y no se llaman como la nuestra». Así pues, aunque ajustado a las demandas lingüísticas de la ley, Zipitria era capaz de transmitir una concepción de su territorio.

También abundan los mapas que hay en los cuadernos de los alumnos. Sobre todo destacan los mapas del País Vasco, y la ausencia de mapas de España. La maestra tenía muy claro cómo era *Euzkadi*:

una patria formada por seis provincias (no siete), y limítrofe a *Españi* (España) y a *Parantze* (Francia). Esto se puede observar en el ejercicio «Fronteras y fragmentos de Euzkadi» (Figura 2), que se extrae del manual *Xabiertxo*. Sin embargo, el cuaderno presenta algunas características significativas que libro no tiene. Por ejemplo, se habla de *Euzkadi* y en lugar de *Euskalerria*: es decir, utiliza *Euzkadi* por su significado político y evita, en este caso, el termino *Euskalerria*, que hacía referencia a un entorno lingüístico-cultural. Además, mientras el manual transmite que *Euskalerria* está separado de las demás regiones, el cuaderno trata de transmitir que *Euzkadi* está separado de dos estados o países diferentes. También es esclarecedor que Baja Navarra y Alta Navarra sean una y no existan las fronteras de Treviño, porque de esta manera las fronteras de España y Francia no dividen ningún territorio de *Euzkadi*.

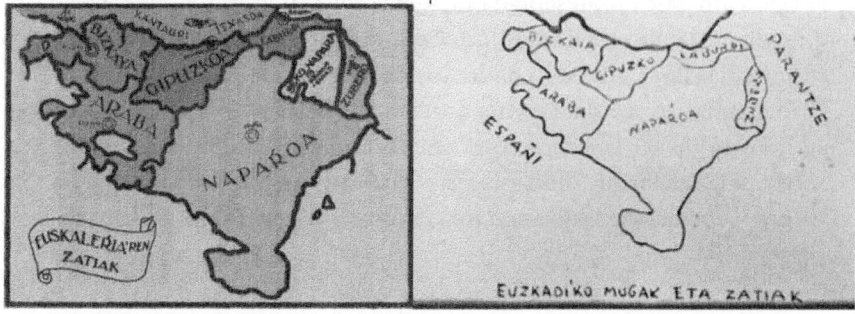

Figura 2. Fronteras y fragmentos del Euzkadi en Xabiertxo y en un cuaderno.
Fuente: Museo de la Educación de la UPV/EHU.

Por último, como ya hemos señalado precedentemente, la religión también tiene una gran presencia en la iconografía y en la literatura, por lo que, obviamente, también era un elemento ideológico-moral importante. Pues bien, en los cuadernos de Zipitria nos podemos topar con: ilustraciones para trabajar el catecismo, ceremonias religiosas, homenajes religiosos a personajes referentes para el nacionalismo vasco, etc. Por ejemplo, la dedicatoria que cada diciembre se le hacía Javier de San Francisco decía así: «Xabier zu zera euskaldun/gure odola zañetan/aita 'gandik Jatsu' koa/amagandik Xabier'ko/zerura gaiten lagun gaitzazu». Curiosamente, en la última ofrenda, la vasquidad de Javier está condicionada por la geografía, la sucesión, y el origen de sus parientes de Javier, y no por el idioma.

## CONCLUSIONES

En resumen, entre los componentes ideológicos de los cuadernos redactados por el alumnado de Elbira Zipitria destacan la ideología lingüística sabiniana, la concepción del territorio, la tradición y la religión. Por un lado, transmitía transparentemente a los alumnos la territorialidad indicando su patria, su ubicación y su forma de ser, incluso de dónde eran y de dónde debían sentirse. En cambio, la tradición vasca representada mediante los cantares o dibujos viene a justificar la antigüedad de *Euzkadi*, recubriendo la «ausencia» de su historia. Por ende, los cuadernos representan la extrapolación de la ideología *jeltzale* de Zipitria a sus prácticas escolares, al igual que su manera de ver la educación como un mecanismo ideológico que servía para construir o fortificar la identidad vasca y el euskera de las futuras generaciones vascas en una época en la que esta se encontraba perseguida.

## REFERENCIAS

Abasolo, Resu; Lopez de Munain, Juana; Urbe Irazusta, Arantxa. (2004). *Ilunetik argira. Elbira Zipitria*, Hik Hasi.

Castillo, Antonio, «Los cuadernos escolares a la luz de la Historia de la cultura escrita», en Meda, Juri; Montino, Davide; Sani, Roberto (eds.). *School Exercise Books. A complex Source for a History of the Approach to Schooling and Education in the 19th and 20th Centuries*, Macerata, Polistampa, 2010. pp. 3-10.

Elorza, Antonio. (1977). «El tema rural en los orígenes literarios del nacionalismo vasco», en López, François; Pérez, Joseph, Salomon, Noël

& Maxime Chevalier (eds.), *Actas del Quinto Congreso Internacional de Hispanistas,* Université de Bordeaux, 1977, pp. 355-376.

Elustondo, M. A, «Elbira Zipitria Irastorza (1906-1982). Precursora de la innovación pedagógica en euskera» en VVAA, *Mujeres imprescindibles. Educadoras en la vanguardia del siglo xx,* Kalandraka. pp. 155-173.

Fernandez, Idoia (1994) *Oroimenaren hitza. Ikastolen historia 1960-1975,* UEU.

Martín, Bienvenido; Ramos, María Isabel, «Escribir en la escuela en tiempos de guerra». *Bordón: Revista De Pedagogía,* n.º 3, vol. 67, pp. 67-84.

Meda, Juri, «The Exercise Book as a Material Object», en Meda, Juri; Montino, Davide; Sani, Roberto (eds.). *School Exercise Books. A complex Source for a History of the Approach to Schooling and Education in the 19th and 20th Centuries,* Macerata, Polistampa, 2010. pp. XXV-XXVIII.

Montino, Davide, «The Exercise Book as a Formal Object», en Meda, Juri; Montino, Davide; Sani, Roberto (eds.). *School Exercise Books. A complex Source for a History of the Approach to Schooling and Education in the 19th and 20th Centuries,* Macerata, Polistampa, 2010. pp. XV-XXIV.

Urbe, Arantxa, «Elbira Zipitria», *Hik Hasi,* n.º 235, pp. 30-33.

# CARTOGRAFIANDO LAS MEMORIAS ESCOLARES

## El valor interpretativo de una fuente documental inédita para la Historia de la Educación

Irati Amunarriz-Iruretagoiena
*Universidad del País Vasco/Euskal Herriko Unibertsitatea*
*(UPV/EHU)*

**Resumen:** Los colegios religiosos en España durante la época contemporánea no han sido objeto privilegiado de la historiografía educativa, si bien su estudio ha ido cobrando mayor interés en los últimos tiempos. El objetivo de este trabajo es destacar el valor de las memorias escolares como nueva fuente para el estudio de este tipo de escuelas. Para ello, analizamos los límites que pueden tener como documento susceptible de ser utilizado como fuente primaria en la construcción histórica de este tipo de escuelas contrastando el contenido de las memorias con los testimonios orales obtenidos a través de entrevistas en profundidad con grupos de antiguos alumnos. Concluimos que el hecho de que esta fuente documental nos permita realizar la historia de la representación escolar que este tipo de escuelas ha intentado difundir es razón suficiente para incorporar estos documentos al campo de la Historia de la Educación.

**Palabras clave:** Memorias escolares, Fuente documental, Colegios privados religiosos.

**Abstract:** Religious schools in Spain during the contemporary period have not been a privileged object of educational historiography, although their study has been gaining more and more interest in recent times. The aim of this paper is to highlight the value of school memoirs as a new source for the study of this type of school. To this end, we analyse the limits they may have as a document that can be used as a primary source in the historical construction of this type of school by contrasting the content of the memoirs with the oral testimonies obtained through in-depth interviews with groups of former pupils. We conclude that the fact that this documentary source allows us to carry out the history of the school representation that this type of school has tried to disseminate is reason enough to incorporate these documents into the field of the History of Education.

**Keywords:** School records, Documentary source, Private religious schools.

# Introducción

Esta aportación nace de una tesis doctoral que se está desarrollando dentro del Grupo de Investigación «Ikasgaraia» en la Universidad del País Vasco, financiada mediante una beca predoctoral del Gobierno Vasco desde 2021. La misma se empieza a fraguar en el 2020, cuando comienzo a trabajar en el Museo de la Educación de la Universidad del País Vasco (UPV/EHU). Debido a la pandemia no hay posibilidad de realizar visitas guiadas en el museo, por lo que mi trabajo se limita al trabajo interno, es decir, a la catalogación de fondos. Durante esta época, los directores del museo, que también son los directores de mi tesis, Luis Mari Naya y Paulí Dávila, me presentan y ofrecen el hasta entonces inexplotado Fondo documental de Memorias Escolares del museo, que han ido conformando a lo largo de los años a partir de donaciones y adquisiciones en el mercado de compra venta de antigüedades, además de haber fotocopiado y/o escaneado las memorias escolares que se encuentran en los diversos archivos privados de diversas órdenes y congregaciones religiosas dedicadas a la enseñanza. Y no me lo pienso.

Así, esta tesis comienza a mediados del 2021 con la hipótesis de partida de que las memorias escolares constituyen una fuente válida para el estudio de la Historia de la Educación en general y de los colegios privados religiosos en concreto. Es decir, el punto de partida de este proyecto es la consideración que otorgamos a las memorias escolares como fuente primaria, señalando los rasgos que posibilitan su uso. No obstante, el interés de esta hipótesis reside en poder conocer, además de los rasgos que posibilitarían su uso, los límites que pudieran tener las memorias escolares como documento susceptible de ser utilizado como fuente primaria, para lo que hemos contrastado su contenido.

## La Historia de la escuela privada religiosa: una aproximación a través de las memorias escolares

Los colegios religiosos en España no han sido objeto privilegiado de la historiografía educativa. Su cantidad y consecuente relevancia en diversos momentos de la historia de la educación en España no han sido paralelos al interés que los historiadores e historiadoras de la educación han ofrecido a esta institución como objeto de estudio (Yetano, 1988). A pesar de que, recientemente, su estudio esté cobrando mayor interés, la situación no parece haber mejorado mucho ya que no son pocos los autores que siguen señalando la inaccesibilidad de las fuentes documentales de estas instituciones debido a que son las mismas congregaciones u órdenes religiosas las que, como norma general, han conservado la documentación de los colegios que regentaban en sus propios archivos privados (Tiana, 1994; Moll y Sureda, 2020; Llano, 2021).

Esto ha permitido a los colegios que nos ocupan disponer del monopolio de la construcción histórica de su propio pasado, quienes, además, siguiendo la lógica empresarial, han utilizado el mismo en numerosas ocasiones como herramienta de marketing corporativo (Moll y Comas, 2022).

Ante esta situación, las nuevas fuentes se revalorizan siendo necesarias para llevar a cabo investigaciones novedosas sobre el objeto de estudio que nos ocupa. Y es que, si bien es cierto que la bibliografía está constituida mayormente por publicaciones conmemorativas editadas y/o financiadas por la misma institución historiada o por personas vinculadas a la misma, también lo es que cada vez son más los historiadores e historiadoras de la educación que se aproximan al estudio del mismo objeto de investigación a partir de nuevas fuentes.

Debido a los límites espacio-temporales no podemos detenernos aquí, pero su revisión pone de relieve que memorias de prácticas, testimonios orales, revistas escolares, fotografías publicadas en las páginas web de los colegios o en sus libros conmemorativos, memorias escolares…, es decir, la mayoría de las fuentes que se vienen utilizando, no se encuentran exclusivamente en los archivos privados de las instituciones religiosas (Moll, 2022). Es por eso que Sergi Moll señala acertadamente en su tesis doctoral que el hecho de que un gran número de estas fuentes se encuentren en archivos familiares o incluso públicos, es decir, el hecho de que no sean inaccesibles para los historiadores e historiadoras de la educación, tiene como consecuencia que la inaccesibilidad a los archivos privados de las diversas congregaciones y órdenes religiosas dedicadas a la enseñanza deje de ser un obstáculo para la investigación de los colegios religiosos.

## CARTOGRAFIANDO LAS MEMORIAS ESCOLARES

Ante esta situación, el Fondo de Memorias Escolares custodiado por el Museo de la Educación de la Universidad del País Vasco cobra gran valor como fuente, ya que, como hemos visto, las memorias escolares —entre otras fuentes— pueden «paliar» esa dificultad de acceso a las fuentes de los colegios privados religiosos como mencionábamos previamente.

Sin embargo, es probable que, aunque algunos y algunas sepáis ya lo que es una memoria escolar —comúnmente más conocida como anuario— otros u otras no sepáis de qué documento estamos hablando —dependiendo seguramente de si los colegios donde estudiasteis emitían o no dicho documento y de si asististeis al *Encontro* donde llevé un ejemplar para que, quien quisiera, tuviese la oportunidad de consultar qué era una memoria escolar—, por lo que vamos a dedicar este apartado a su definición con la intención de que todos y todas podáis reconocer un ejemplar al terminar el mismo.

Lo cierto es que no es el nombre lo que incluye a un documento en la categoría de memoria escolar —ya que se han emitido bajo diferentes denominaciones—, sino el cumplimiento de una estructura y una serie de contenidos determinados. Y es que, las memorias escolares, a la vista del corpus analizado, muestran una estructura formal basada en un orden sucesivo de diferentes apartados.

Dejando atrás la denominación que pudieran tener en la portada o en la portadilla, en sus primeras páginas la mayoría incluye retratos de autoridades religiosas (como por ejemplo, del Papa, la Virgen María o de sus advocaciones), civiles y/o políticas (como, por ejemplo, del alcalde de la ciudad donde se ubica el colegio en cuestión, o, del jefe del Estado, Franco, durante los primeros años del franquismo), o incluso de autoridades del colegio o de la orden o congregación que lo regentara (de los fundadores, como, por ejemplo, San Juan Bautista de La Salle, del Hermano Superior General o del Hermano Visitador Provincial, y/o del director del colegio, por ejemplo).

También incluyen una crónica del curso escolar, a menudo pormenorizada mes a mes (gracias a la que conocemos los acontecimientos más relevantes acontecidos durante el curso fuera de las cuatro paredes del aula, como, por ejemplo, las excursiones o las festividades celebradas).

Dicho documento, además, con la intención de presentar (o, más bien, de vender) su proyecto educativo y sus dependencias escolares como si de un prospecto informativo se tratara, presume de un conglomerado de actividades religiosas, deportivas y artístico-culturales. Es decir, venden dicha oferta extracurricular como un dispositivo de prestigio y distinción relacionado con la calidad de su proyecto educativo: «esta función es muy importante porque marca itinerarios complementarios a la formación curricular de los centros, pudiendo mostrarse como un valor añadido a la oferta curricular o a la formación meramente intelectual o académica» (Dávila, Naya y Zabaleta, 2016: 203).

En cuanto al conglomerado de actividades religiosas, más allá de la asignatura de religión o de los habituales rituales religiosos que se realizaban en todas las escuelas de la época (las misas, las confesiones, los rosarios o los diferentes actos litúrgicos que solían celebrarse en horario escolar), para distinguirse del resto mediante la demostración del nivel de penetración que tenía la religiosidad en el día a día (Dávila, Naya y Zabaleta, 2017; Dávila y Naya, 2018), en los documentos en cuestión, se presume del conjunto de asociaciones y/o agrupaciones de diversa índole para involucrar al alumnado en actividades apostólicas (congregaciones marianas y similares, acción católica, etc.), de los certámenes catequísticos, los ejercicios espirituales, la celebración de las primeras comuniones en el propio colegio, etcétera (Dávila, Naya y Murua, 2016). También otorgan mucha importancia a las actividades deportivas (generalmente incluyen clasificaciones, fotografías de equipos, crónicas deportivas de las competiciones... para cada modalidad deportiva (fútbol, baloncesto, balonmano, atletismo, ciclismo, etc.) y artístico-culturales (como a los coros, las veladas teatrales, literarias, etc.).

La disponibilidad de la información sobre este tipo de actividades extracurriculares no ha sido habitual para los historiadores e historiadoras de la educación, debido a que, como norma general, dichas actividades han dejado «escasas evidencias historiográficas dentro de la vida de los centros» (Dávila, Naya y Zabaleta, 2016: 203). Es por eso que no encontramos ninguna información sobre las mismas en otro tipo de fuentes y/o documentos, fuera de fotografías sueltas sin ningún contexto (Dávila y Naya, 2018). No obstante, gracias a que los colegios que nos ocupan hicieran uso de las memorias escolares para publicitarse entre otras cosas mediante la presentación de dichas actividades, las memorias escolares se convierten en una fuente de lo más ilustrativa para evaluar el conjunto de actividades formativas que se ofertan para complementar y/o suplementar la formación puramente académica del aula.

Por último, la sección más permanente —desde las memorias más antiguas a las más actuales— es la galería de fotografías de los grupos académicos y las fotografías de los alumnos distinguidos.

## Contraste

El análisis del corpus documental que hemos mencionado previamente nos ha permitido realizar una descripción del mismo para ofrecer una tipología específica dentro de un conjunto de memorias de diversa índole —como las memorias de oposición, memorias de prácticas, etc.—.

Esto nos ha permitido resaltar el valor interpretativo de las memorias escolares y poner de relieve su valor como fuente para la

Historia de la Educación en general y para la historia de la escuela privada religiosa en concreto. Por lo tanto, el punto de partida de este proyecto es la consideración que otorgamos a las memorias escolares como fuente primaria, señalando los rasgos que posibilitan su uso.

Sin embargo, el interés de esta hipótesis reside en poder conocer los límites que pueden tener las memorias escolares como documento susceptible de ser utilizado como fuente.

Teniendo en cuenta que el relato que ofrecen las memorias escolares está condicionado por los intereses del centro debido a los autores y a la función que cumplen, hemos contrastado el contenido de las mismas con los testimonios orales obtenidos mediante entrevistas en profundidad a grupos de antiguos alumnos que asistieron a los mismos en el periodo de tiempo coincidente con las citadas memorias.

## VALORACIONES FINALES O CONCLUSIONES

No obstante, tras identificar las limitaciones de la fuente documental que nos ocupa —que es que transmiten una imagen ritualizada, una imagen corporativa con fines publicitarios, una imagen por la que quieren ser recordados por sus clientes y reconocidos en el ámbito social de influencia en el que el establecimiento educativo en cuestión pretendía consolidarse— consideramos que, a pesar de que a partir de estas memorias no podamos construir una historia del centro con todos los rigores historiográficos, el hecho de que esta fuente documental permita realizar la historia de la representación escolar que este tipo de colegio ha intentado divulgar es motivo suficiente para incorporar estos documentos al campo de la Historia de la Educación.

# Referencias

Dávila Balsera, Paulí; Naya Garmendia, Luis María, «Las memorias escolares, una forma de prensa escolar», en Hernández Díaz, José María (eds.), Prensa pedagógica, mujeres, niños, sectores populares y otros, Salamanca, Universidad de Salamanca, 2018, pp. 593-602.

Dávila Balsera, Paulí; Naya Garmendia, Luis María; Murua Cartón, Hilario, «Prácticas y actividades religiosas en los colegios privados del País Vasco durante el siglo XX», Historia y Memoria de la Educación, n.º 4 (2016), pp. 141-175.

Dávila Balsera, Paulí; Naya Garmendia, Luis María; Zabaleta Imaz, Iñaki, «Internados religiosos: marketing del espacio a través de las memorias escolares», en Dávila Balsera, Paulí y Naya Garmendia, Luis María (coords.), Espacios y patrimonio histórico-educativo, Donostia, Erein, 2016, pp. 183-207.

Dávila Balsera, Paulí; Naya Garmendia, Luis María; Zabaleta Imaz, Iñaki, «Memory and Yearbooks: An Analysis of Their Structure and Evolution in Religious Schools in 20th Century Spain», en Yanes-Cabrera, Cristina et al. (eds.), School Memories. New Trends in the History of Education, Cham, Springer, 2017, pp. 65-79.

Llano Díaz, Ángel, «La investigación en la historia de la educación del primer tercio del siglo XX», en Saiz Gómez, José Miguel (eds.), El patrimonio histórico educativo: memorias de ayer y reflexiones de hoy, Polanco, Centro de Recursos, Interpretación y Estudios de la Escuela, 2021, pp. 181-198.

Moll Bagur, Sergi (2022), «L'educació masculina en els col.legis religiosos de la posguerra (1939-1945)», Tesis doctoral, Universitat de les Illes Balears.

Moll Bagur, Sergi; Comas Rubí, Francisca, «Corporate History or the Education Business. A Case-Study: Sant Francesc De Sales School, Menorca (1939-1945)», Paedagogica Historica (2022).

Moll Bagur, Sergi; Sureda Garcia, Bernat, «Private religious schools for boys in the Spanish post Civil War period: an analysis through triangulating historical sources», History of Education & Children's Literature, vol. XV, n.º 2 (2020), pp. 29-48.

Tiana Ferrer, Alejandro, «La escuela Privada», en Guereña, Jean-Louis et al. (eds.), Historia de la Educación en la España contemporánea.

Diez años de investigación, Madrid, Centro de Publicaciones del Ministerio de Educación y Ciencia, 1994, pp. 117-139.

Yetano Laguna, Ana (1988), La enseñanza religiosa en la España de la Restauración (1900-1920), Barcelona, Anthropos.

# Bloque III

## Magisterio, renovación y represión

# LOS MODELOS DE RENOVACIÓN PEDAGÓGICA EN LA ESCUELA REPUBLICANA
## Una aproximación desde los discursos del magisterio

Carlos Menguiano-Rodríguez
*Universidad de las Islas Baleares*

**Resumen:** Este capítulo ofrece un breve sumario de la tesis doctoral «Los modelos de renovación pedagógica en la escuela republicana: aproximación desde los discursos del magisterio» presentada durante el *X Encontro Ibérico de la Historia de la Educación*. El trabajo incluye una introducción de la investigación, una descripción su diseño —fuentes, objetivos y metodología—, los resultados más relevantes y algunas de sus conclusiones finales.

**Palabras clave**: renovación pedagógica, Segunda República, magisterio, discursos pedagógicos.

**Abstract:** This chapter offers a brief summary of the doctoral thesis «Los modelos de renovación pedagógica en la escuela republicana: aproximación desde los discursos del magisterio» presented during the *X Encontro Ibérico de la Historia de la Educación*. The work includes an introduction to the research, a description of its design —sources, objectives and methodology—, the most relevant results and some of its final conclusions.

**Keywords:** pedagogical renovation, Second Spanish Republic, teaching, pedagogical discourses.

# Introducción

Este trabajo tiene como objetivo realizar una breve síntesis de la tesis doctoral (Menguiano-Rodríguez, 2021) presentada en el *X Encontro Ibérico de la Historia de la Educación: Recuperar las voces silenciadas en Historia de la Educación: tradiciones, métodos y desafíos* que fue celebrado en Granada los días 6 y 7 de julio de 2023. Dicha investigación se integró perfectamente a la línea temática de dicho *Encontro*, al ser un trabajo que reivindica la necesidad de recuperar las voces y narraciones del magisterio sobre sus propias prácticas profesionales, con el fin de analizar las rupturas y continuidades en la cultura escolar de un periodo significativo de en la historiografía educativa española.

El objetivo principal de la tesis se planteó como un intento de analizar los *modelos de renovación pedagógica* vigentes en la escuela nacional durante la Segunda República española, observando sus traducciones en los discursos y prácticas escolares. Dicho proyecto no estaba exento de dificultades. Acceder a la realidad cotidiana y silenciosa de las escuelas nunca ha sido una tarea fácil, hasta el punto de que las aulas han llegado a definirse como la «caja negra» de la historia de la educación (Braster, Grosvenor y Pozo-Andrés, 2011). Por este motivo, la investigación se centra en las voces de los principales protagonistas que, junto al alumnado, construyen el núcleo de los procesos de escolarización del sistema educativo público: los maestros y maestras. Es el magisterio el que, en mayor o menor medida, propone y ejecuta las prácticas escolares en las aulas y fuera de ellas. Y es también el magisterio el último responsable de introducir, en mayor o menor medida, cambios significativos en dichas prácticas escolares. A partir de esta premisa, la tesis se proponía analizar, a partir de la perspectiva ofrecida por los discursos profesionales del magisterio nacional en activo, cuáles eran los modelos de renovación pedagógica vigentes de la escuela de la República, describir sus características esenciales y tratar de averiguar su impacto en las prácticas cotidianas dentro y fuera de las escuelas. Así llegamos a la gran propuesta de la investigación: a través de los discursos del magisterio, se pretendía, por un lado, analizar las prácticas más frecuentes en las escuelas en aquel periodo. Y, por el otro, estudiar la percepción que los maestros y maestras tenían de dichas prácticas parar comprobar hasta qué punto las consideraban renovadoras, el modo en que se adscribían a los movimientos de renovación pedagógica y hasta qué punto esa adscripción modificaba sus discursos y prácticas escolares. En definitiva, la tesis trataba de estudiar hasta qué punto la renovación pedagógica experimentada y materializada por el magisterio de la Republica suponía transformaciones efectivas o continuidades en la denominada «gramática de la escuela» (Tyack y Tobin, 1994; Tyack y Cuban, 1995).

Ahora bien, es pertinente preguntarse cómo ha sido posible acceder a los discursos profesionales del magisterio de los años treinta. He aquí otra de las claves de esta investigación: la utilización de un corpus documental singular, que fue analizado sistemáticamente por primera vez durante el desarrollo de la tesis. Se trata de los expedientes de la oposición convocada en 1932 para aspirantes a direcciones de grupos escolares que el gobierno republicano se esforzaba por construir en aquellos años y para los cuales se buscaban a los mejores docentes en activo. Estos expedientes ofrecen inéditos testimonios profesionales sobre las prácticas escolares de sus autores y autoras, inaccesibles por otros medios, pues en ellos debían presentar una memoria de su labor profesional que podía avalarse con todo tipo de materiales adjuntos. De este modo, cada aspirante componía una suerte de historia de vida profesional, ofreciendo testimonios y materiales heterogéneos sobre la cultura escolar del periodo estudiado. Así, la tesis trataba de abrir una ventana a la práctica cotidiana de las escuelas de la República a través del discurso profesional de los docentes, que se percibían a sí mismos como renovadores.

Desde dicha perspectiva, la investigación trataría de, en primer lugar, comprender de qué modos era percibida la renovación pedagógica por el propio magisterio que, no solo se identificaba con ideas renovadoras, sino que, además, intentaba llevarlas a la práctica en su realidad escolar. En segundo término, pretendería valorar de forma crítica la naturaleza de las rupturas, modificaciones y continuidades en la práctica escolar efectiva. Y, en último lugar, intentaría realizar una relectura de la renovación pedagógica en la escuela de la República a través de sus protagonistas, describir los modelos de renovación pedagógica que convivían en la misma, y comprobar hasta qué extremo esos modelos eran capaces de transformar la realidad de las escuelas.

## Diseño de la investigación, fuentes y metodología

El diseño de esta investigación doctoral dependió en gran medida del marco teórico y de las fuentes utilizadas. Por este motivo, la tesis ofrecía en primer lugar una revisión teórica exhaustiva, organizada en cuatro núcleos temáticos que sirven como fundamento para generar dicho marco. El primero se ocupaba de la *práctica escolar* como noción operativa propia de la historia de la educación, reconociendo su deuda con la historia cultural y especificando la interpretación que se le otorga durante la investigación. El segundo ofrecía una contextualización pormenorizada de la *política educativa de la Segunda República* y sus antecedentes, esencial para entender correctamente el desarrollo de la investigación. El tercer núcleo temático se ocupaba de la noción de *renovación pedagógica*, la cual ha sido ampliamente utilizada en la historiografía y, no obstante, ha sido poco definida. Esta sección ofrecía una interpretación de dicho concepto, haciéndolo funcional para su uso en la tesis doctoral y proponiendo, mediante dicha interpretación, el contexto histórico de los dos movimientos de renovación pedagógica vigentes en el periodo republicano cuya apropiación por parte del magisterio se analiza posteriormente en la tesis. El cuarto y último apartado se encargaba del otro concepto medular utilizado en la investigación, el de la *identidad profesional del magisterio* a través de la práctica autobiográfica. Esta revisión teórica resultaría esencial para comprender el desarrollo de la tesis, y permitía asumir la especificidad de las fuentes seleccionadas, la pertinencia de los objetivos de investigación planteados o la metodología utilizada. El diseño final de la tesis se articuló en torno a esos tres elementos.

En lo que concierne al corpus documental utilizado en la tesis, constaba de 287 expedientes de oposición conservados mayoritariamente en el Archivo General de la Administración de Alcalá de Henares. Dicho corpus era concebido como una muestra documental representativa del magisterio renovador del momento por dos motivos. En primer lugar, porque el mero deseo de optar a puestos de responsabilidad en el sistema educativo del nuevo gobierno republicano, el cual hacía de la reforma educativa una de sus banderas, expresaba ya cierto compromiso con dicha reforma. En segundo lugar, porque la muestra era lo suficientemente heterogénea como para representar al sector de maestros y maestras renovadores activos en aquellos años. Dicha representatividad se reflejaba, tanto en su amplitud geográfica —pues había candidaturas de casi todas las provincias del país—, como en su diversidad en lo referente a edad, género o experiencia profesional. En la tesis se justifican estas afirmaciones, dedicándose un apartado completo a la descripción, conservación, valoración y crítica interna de la muestra utilizada en la investigación, que también se acompañaba de un marco interpretativo razonado sobre las condiciones en las que la documentación fue generada, abordando cuestiones como las de su veracidad o su potencial para el trabajo historiográfico.

Respecto a las preguntas de investigación, se proponían tres: 1) ¿son los expedientes de oposición una nueva fuente válida y valiosa para analizar los discursos y prácticas escolares del magisterio? 2) ¿cuáles fueron los modelos de renovación pedagógica vigentes entre el magisterio renovador de la Segunda República? ¿Qué características tenían y cuáles fueron sus traducciones prácticas?; y 3) ¿hasta qué punto los modelos de renovación pedagógica del magisterio de la República implicaron cambios significativos en la gramática en la escuela de este periodo?

En lo concerniente al enfoque metodológico, se utilizó una metodología cualitativa, fundada en los principios del método histórico-educativo y la *Grounded Theory*. El análisis se desarrolló en tres fases: a) Recopilación y caracterización del corpus documental, incluyendo transcripciones y un análisis crítico interno y externo de las fuentes.

B) Codificación y categorización de datos mediante herramientas de análisis cualitativo, identificando tendencias y agrupando temáticas relevantes; y c) Elaboración de resultados, definiendo dos modelos principales de renovación pedagógica y sus traducciones prácticas en el magisterio de la República. Además de los expedientes, se consultaron fuentes primarias complementarias para verificar y enriquecer los datos analizados. Los resultados de esta investigación se sintetizaron en tres artículos científicos, que analizan las fuentes y los modelos de renovación pedagógica identificados, así como su impacto en las prácticas escolares del periodo estudiado.

## Resultados de la investigación

La tesis fue presentada según la modalidad por compendio de artículos científicos, siendo tres los que forman parte del núcleo de la investigación. Esta tríada fue diseñada como un todo coherente, constituyendo el hilo argumental del cual se derivan sus conclusiones finales. En consecuencia, los tres artículos se desarrollaron partiendo del mismo marco teórico, con una misma aproximación metodológica y utilizando el mismo corpus documental. Aunque cada uno de ellos supone una aportación diferenciada, significativa y con una temática propia, su sentido completo solo puede obtenerse en el horizonte proyectado de la tesis doctoral, que buscaba responder a las tres preguntas de investigación formuladas anteriormente.

El primer artículo de la tesis doctoral (Menguiano-Rodríguez, Pozo-Andrés, y Barceló-Bauzà, 2020), funcionaba como introducción metodológica y teórica, presentando los expedientes de oposición de como una fuente única para el estudio de los discursos y prácticas del magisterio. Este trabajo contextualizaba históricamente las fuentes, reivindicando su capacidad para reconstruir las experiencias y prácticas profesionales del magisterio renovador. Además, desarrollaba el concepto de «archivo de vida profesional» inspirado en Artières (1998), utilizado para categorizar y analizar las narrativas con las que el magisterio se percibía a sí mismos y a sus prácticas en relación con la tradición o la renovación pedagógica. El artículo identificaba tres modelos de archivo de vida profesional: el *curricular-burocrático*, centrado en logros acreditados oficialmente; el *metodológico-profesional*, que describe prácticas escolares concretas; y el *biográfico-narrativo*, donde el magisterio construye relatos autobiográficos detallados sobre su trayectoria profesional. Estos modelos permitían explorar cómo maestros y maestras representaban su identidad profesional, demostrándose una fuente útil para los objetivos principales de la tesis: identificar los modelos de renovación pedagógica vigentes en aquel periodo y los modos en los que el magisterio los traduce a la práctica.

El segundo artículo (Menguiano-Rodríguez y Pozo-Andrés, 2023) analizaba cómo el magisterio de la Segunda República traducía las ideas de la Escuela Nueva en su práctica profesional, estableciendo el primer modelo de renovación pedagógica a partir de cinco niveles graduales de apropiación de «lo nuevo». El primer nivel era el *reconocimiento* superficial, donde los maestros aluden a conceptos escolanovistas como una promesa de aplicación futura, seguido por la *comprensión* discursiva, en la que incorporan estas ideas a su lenguaje pedagógico sin necesariamente transformar sus prácticas. El tercer nivel, la *implicación* emocional, mostraba una identificación personal con las ideas renovadoras, aunque en esta etapa los cambios en las prácticas escolares son aún limitados. Los dos últimos niveles reflejaban un impacto más significativo. En la *aplicación* de lo nuevo, los maestros intentaban implementar métodos escolanovistas, como los de Decroly o de Proyectos, aunque a menudo de manera vulgarizada y limitada. Finalmente, la *interiorización* crítica implicaba una recepción reflexiva y creativa de estas ideas, dando lugar a adaptaciones y, en algunos casos, a la creación de métodos propios que transforman prácticas escolares de forma perceptible. El análisis evidenciaba tanto las resistencias al cambio como las innovaciones logradas, permitiendo comprender cómo el magisterio republicano se apropiaba de las ideas de la Escuela Nueva y hasta qué punto estas lograban modificar sus prácticas escolares.

El tercer artículo (Menguiano-Rodríguez y Pozo-Andrés, 2021) analizaba el segundo modelo de renovación identificado: el modelo «tradicional» o regeneracionista. Este modelo, ampliamente extendido entre los docentes del periodo, se vinculaba con las ideas del regeneracionismo pedagógico finisecular. El artículo examinaba cómo el magisterio republicano interiorizaba y traducía las principales ideas regeneracionistas: la educación integral enciclopédica y el ideal organizativo de la escuela graduada. A través de los expedientes, se demostraba cómo estas nociones seguían percibiéndose como innovadoras en los años treinta, configurando un ejemplo de «anacronismo pedagógico» anclado en prácticas continuistas con periodos anteriores. El artículo detallaba las traducciones prácticas de ambos ideales. En el caso de la educación integral, se observaba la prevalencia del currículum enciclopédico del Plan de 1901 como su mejor traducción práctica. Respecto al ideal de la escuela graduada, el magisterio lo interpretaba a través de prácticas adaptativas, como la «graduación sin graduadas» en escuelas unitarias, la implementación de principios de clasificación o el desarrollo de instituciones complementarias de la escuela. Sin embargo, el artículo concluía que estas prácticas no representaban una verdadera innovación en la cultura escolar de los años treinta, sino más bien una continuidad con ideas regeneracionistas del siglo anterior. Este hallazgo evidenciaba la lentitud del cambio educativo y las resistencias estructurales de la «gramática de la escuela» incluso en periodos de fuerte efervescencia pedagógica.

## CONCLUSIONES DE LA INVESTIGACIÓN

La tesis doctoral concluía con la identificación de dos modelos de renovación pedagógica vigentes en el magisterio de la Segunda República: uno inspirado en las ideas de la Escuela Nueva y otro basado en el regeneracionismo pedagógico tradicional. El primer modelo refleja una progresiva apropiación de las ideas escolanovistas, desde un nivel discursivo hasta aplicaciones prácticas más críticas y transformadoras. Sin embargo, solo en casos concretos estas ideas lograron superar las resistencias de la «gramática de la escuela», introduciendo cambios efectivos en las prácticas escolares. Por su parte, el segundo modelo, aunque percibido como innovador por los docentes, representaba en la mayoría de los casos una continuidad con ideas regeneracionistas del siglo XIX, traducidas en prácticas como el currículum enciclopédico y el ideal organizativo de la escuela graduada, evidenciando la lentitud del cambio en la práctica escolar.

Estas conclusiones destacaban, tanto la heterogeneidad de todo proceso de renovación pedagógica, como las resistencias estructurales a los cambios en las escuelas. Asimismo, la tesis ofrecía un modelo interpretativo que permite analizar los modos en los que el magisterio se apropia de ideas pedagógicas renovadoras en diferentes contextos históricos. De este modo, la investigación no solo ampliaba nuestro conocimiento de las características y complejidades de los procesos de renovación pedagógica durante la Segunda República, sino que también proponía un modelo teórico que permite analizar la apropiación pedagógica de cualquier movimiento renovador por parte del magisterio, siendo aplicable a diferentes periodos históricos.

## Referencias

Artières, Philippe «Arquivar a Própia Vida», *Revista de Estudos Históricos* vol. 11, no. 21 (1998), pp. 9-34.

Braster, Sjaak; Grosvenor, Ian; Pozo-Andrés, María del Mar del (2011), *The black box of schooling: A cultural history of the classroom*. Bruselas, Peter Lang.

Menguiano-Rodríguez, Carlos, «Los modelos de renovación pedagógica en la escuela republicana: aproximación desde los discursos del magisterio». Directoras: María del Mar del Pozo Andrés y Teresa Rabazas Romero. Tesis doctoral. Universidad de Alcalá, Alcalá de Henares, 2021.

Menguiano-Rodríguez, Carlos; Pozo-Andrés, María del Mar del, «Appropriating the New: Progressive Education and its (re)constructions by Spanish schoolteachers». *Paedagogica Historica*, vol. 59, no. 4 (2023), pp. 571-590.

Menguiano-Rodríguez, Carlos; Pozo-Andrés, María del Mar del, «Regenerationist school practice: The model of traditional pedagogical renovation of teachers during Spain's Second Republic». *Espacio, Tiempo y Educación,* vol. 8, no. 2, (2021), pp. 41-69.

Menguiano-Rodríguez, Carlos; Pozo-Andrés, María del Mar del; Barceló-Bauzà, Gabriel, «A new source for the study of educational practices: competitive exams for school headteacher positions (Spain, 20th century)». *History of Education & Children's Literature*, vol. 15, no. 2 (2020), pp. 199-218.

Tyack, David; Cuban Larry, (1995), *Tinkering toward Utopia: A Century of Public School Reform.* Cambridge, MA, Harvard University Press.

Tyack, David; Tobin, William, «The 'Grammar' of Schooling: Why Has It Been So Hard to Change?», *American Educational Research Journal,* no. 31, vol. 3 (1994), pp. 456-460.

# ENTRE EL OLVIDO Y LA REPRESIÓN
# El magisterio madrileño en el franquismo (1936-1975)

Andra Santiesteban
*Universidad Complutense de Madrid*

**Resumen:** La depuración del magisterio madrileño fue silenciada en las narrativas históricas de la posguerra. Con el fin de rescatar del olvido a los docentes represaliados, este estudio se ha centrado en el análisis de los expedientes de depuración y de revisión de la región. Se han revisado las estrategias represivas contra el cuerpo docente, además, de reconstruir el perfil de los maestros y las maestras depurados/as. Los resultados, tanto cuantitativos, como cualitativos, recuperan una parcela de la memoria escolar de Madrid que el franquismo condenaba al olvido.

**Palabras clave:** magisterio, primera enseñanza, depuración, represión, franquismo.

**Abstract:** The purge of Madrid's teaching profession was silenced in postwar historical narratives. In an effort to rescue repressed educators from forgetfulness, this study focused on analyzing the purging and review files of the region. It examined the repressive dynamics against the teaching body while also reconstructing the profile of the purged teachers. The findings, both quantitative and qualitative, recover a segment of Madrid's educational memory that Franco Regime sought to condemn to oblivion.

**Keywords:** teaching, elementary education, purge, repression, Francoism.

## Introducción

La investigación histórico-educativa tiene el deber de visibilizar a sus protagonistas marginados/as y olvidados/as. Recuperar sus voces es una manera de saldar una deuda histórica, y constituye una acción ética destinada a combatir el olvido para recuperar, denunciar y condenar (Juliá, 2010: 9; *op. cit.* en Ramos, 2021: 25). Este planteamiento, en relación con la depuración del magisterio, resalta además el papel de la memoria en la construcción de la identidad colectiva. El proceso depurativo-represivo fue un acto de reafirmación del poder mediante la imposición de la narrativa oficial de los vencedores. Para afianzar su hegemonía ideológica el régimen implantó una *desmemorización* y una *contra-memoria* (Ramos, 2008: 19). Por lo que la «limpieza moral» del magisterio se convirtió en un «ejemplo de incautación de la memoria disidente, aquella que quedó excluida de los discursos de legitimación del nuevo régimen» (Ramos, 2012: 150). En este sentido, los maestros y las maestras, al formar parte del bando vencido, fueron despojados/as de todo reconocimiento como grupo social en la posguerra. Esta negación de su identidad los redujo a la condición de individuos sin valor social ni histórico, borrando su huella de la memoria colectiva. El cuerpo docente fue un blanco claro de esta política de venganza debido a «la noción que se tenía de los maestros como estandarte de la República» (Marín y Moreno, 2017: 1). El franquismo establecía una relación directa entre la labor docente y los preceptos republicanos. Por este motivo, purgó a aquellos/as docentes tachados/as cómo contrarios/as en sus ideas a lo que preconizaba el movimiento.

Al moldear la enseñanza madrileña bajo estos parámetros, se reforzaron los pilares ideológicos del nacionalcatolicismo, que exaltaban la religión, la patria y los roles tradicionales de género (Del Pozo y Braster, 2012). Aquellos/as que se apartaron de este nuevo espíritu de la enseñanza fueron objeto de la represión, de castigos, del fusilamiento o del exilio. En nuestro estudio, a través del análisis de 2.772 expedientes de depuración y de revisión, junto con el cortejo del Boletín Oficial del Estado (1936-1975) y el de la Provincia de

Madrid (1936-1975), se ha profundizado en este proceso depurativo-represivo. Revisando la actuación de la Comisión Depuradora de ámbito provincial, se ha analizado su composición y las dinámicas que moldearon sus decisiones. Asimismo, se ha estudiado el número, la naturaleza y el alcance de las acusaciones y sanciones formuladas, las cuales perfilaron el nuevo modelo docente en tiempos de Franco. Por último, la investigación también ofrece claves relativo a las particularidades del proceso en Madrid.

## ESTUDIOS HISTORIOGRÁFICOS SOBRE LA DEPURACIÓN FRANQUISTA DEL MAGISTERIO

Desde los años 80, los estudios historiográficos han buscado contrarrestar el olvido y sacar a la luz los silencios impuestos sobre la memoria del magisterio primario en tiempos de Franco. A lo largo de los años 90, coincidiendo con el acceso ampliado a fuentes primarias, como los expedientes de depuración y de revisión, comenzaron a aumentar las investigaciones que exploraban sus posibilidades historiográficas dentro de la Historia de la Educación. Estas investigaciones, a partir de distintos enfoques metodológicos y geográficos, alcanzaron su mayor auge en las primeras décadas del siglo XXI. A partir de estos años la investigación sobre esta temática ha experimentado una notable proliferación, resultando en un cuerpo de estudios bastante extenso. Mediante distintos enfoques metodológicos se han presentado estudios regionales y provinciales hasta aproximaciones locales e incluso estudios más generalistas. Asimismo, la investigación sobre la depuración del cuerpo docente ha incorporado nuevas cuestiones y perspectivas, atendiendo a diversas variables diferenciadoras, tales como el género, las trayectorias profesionales y las prácticas pedagógicas. Sin embargo, en lo que respecta a la provincia de Madrid, aún persistió una laguna historiográfica en torno a la depuración del cuerpo docente. Desde hace algunos años diferentes trabajos han comenzado a llenar este vacío. Menguiano (2020) analizó comparativamente los expedientes de depuración de varios directores escolares municipales, mientras que Grana y Martín (2017) realizaron un primer estudio sobre la purga del profesorado en institutos madrileños de enseñanza media, considerando variables como el sexo, la formación pedagógica y la categoría docente. Por su parte, Martínez (2015) abordó la enseñanza primaria en Carabanchel desde una perspectiva local. Ramos y Santiesteban (2022) profundizaron en el análisis con una perspectiva de género, explorando los perfiles de identidad profesional de las maestras de la provincia. Asimismo, las publicaciones de Del Pozo (1999; 2013; 2019) destacaron la singularidad del contexto madrileño en los años treinta, influido por factores político-ideológicos, socio-geográficos y educativos, así como por su microhistoria escolar. Las escuelas de Madrid se transformaron en espacios de experimentación pedagógica, donde se implementaron metodologías innovadoras asociadas al Movimiento Internacional de la Nueva Escuela, debido a su papel como «escaparate pedagógico» (1999: 213).

## La depuración del magisterio de Madrid

La depuración del magisterio, iniciada con el *Decreto 66 del 8 de noviembre de 1936*, constituyó un mecanismo de control ideológico y de represión, orientado a purgar el cuerpo docente desde el inicio de la guerra civil, y, con mayor intensidad, tras su finalización. La estructura técnico-administrativa de este aparato depurador fue posteriormente reglamentada mediante la *Orden del 17 de febrero de 1937*. Las propuestas de resolución, en línea con las disposiciones de la *Orden del 10 de noviembre* y la *Circular del 7 de diciembre de 1936*, incluían desde la confirmación en el cargo hasta el traslado forzoso y la separación definitiva del servicio. Con la *Orden del 18 de marzo de 1939*, se ampliaron las sanciones, profundizando su carácter de castigo. Al ser una de las últimas regiones en caer en manos de los sublevados, en la provincia se alcanzó una máxima institucionalización del procedimiento, respaldada por un amplio número de instrumentos legales, así como órganos administrativos y técnicos. En Madrid, la depuración fue llevada a cabo por cuatro Comisiones Depuradoras (en adelante, CCDD), presididas por figuras como Federico Acevedo y Enrique Montenegro, con Joaquín Ruiz-Giménez entre sus vocales. A partir de enero de 1941, las CCDD del núm. 1 al núm. 4 quedaron unificadas en una única Comisión Depuradora (en adelante, CD). Estas comisiones solían estar integradas por personas de reconocida moralidad y solvencia, encargadas de evaluar las solicitudes, declaraciones juradas, avales, y solicitar informes a autoridades locales —alcaldes, Guardia Civil y párrocos— que reafirmaban el control ideológico y social sobre el magisterio. A partir de 1942, se creó, asimismo, el Juzgado Superior de Revisión (en adelante, JSR), integrado en gran parte por los miembros de las CCDD, consolidando la continuidad de este aparato represivo.

Las acusaciones contra el magisterio madrileño, en un esfuerzo de síntesis, se agruparon en cinco categorías principales: cargos políticos y sindicales, sociales y morales, religiosos, profesionales y otros cargos de diversa naturaleza. La variedad de las subcategorías dentro de cada categoría puso de manifiesto la expansión deliberada del catálogo de conductas denunciables, extendiendo la represión a múltiples dimensiones de la vida de los/as docente. El enfoque heterogéneo de los cargos y subcategorías permitió una represión más eficaz, ya que cualquier comportamiento que no se ajustara al modelo de un buen maestro y de buena maestra podía ser encasillado como inapropiado. La mayoría de las acusaciones, el 50.47%, fueron de índole política y sindical, reflejando la prioridad de las autoridades en la persecución de aquellos/as docentes no afines en sus ideas políticas. En segundo lugar, los cargos profesionales, que alcanzaron el 21.06%, evidenciaron un interés en evaluar y controlar la competencia pedagógica del magisterio, buscando su conformidad con el ideario pedagógico franquista. Los cargos de naturaleza social y moral (9.07%) y religiosos (7.35%) añadieron una dimensión más amplia a la represión, y la categoría de otros cargos (12.05%) relacionó especialmente actos vinculados al contexto de la contienda bélica con la idoneidad profesional de cada docente.

El magisterio madrileño estaba compuesto por un total de 2.772 docentes, de los cuales 1.618 eran maestras (58.36%), mientras que 1.154 eran maestros (41.64%). Está diferencia evidenció una dinámica específica respecto a su composición y sugiere una feminización del magisterio. Es decir, reveló una mayor presencia de mujeres en la profesión. En el proceso de depuración en Madrid un total de 727 docentes fueron sancionados/as, lo que representó el 26,54% del colectivo, frente al 73,46% que fue confirmado en su categoría. Entre las sanciones más frecuentemente impuestas figuró la inhabilitación para desempeñar cargos directivos y de confianza en instituciones culturales o de enseñanza, aplicada contra el 34,35% de los/as docentes. Esta medida reflejó la desconfianza de las CCDD hacia los maestros y las maestras, que de manera preventiva limitaron su posibilidad de ocupar puestos de liderazgo pedagógico. El traslado forzoso, tanto dentro, como fuera de la provincia, afectó a un 29,42% de los docentes sancionados/as. Además, esta sanción conllevaba la prohibición de solicitar cargos vacantes durante varios años, separando físicamente al magisterio de su entorno social, sus redes de apoyo y le condenó a un auténtico destierro. Finalmente, la sanción más severa, la separación definitiva del servicio y la baja en el escalafón, alcanzó al 37,96% de los/as docentes sancionados/as. Este castigo expulsaba a los maestros y las maestras de la enseñanza de manera irrevocable, despojándolos de sus derechos adquiridos y condenándolos a un ostracismo social y profesional. Esta expulsión, además de suponer una pérdida de medios de subsistencia, implicaba la anulación de su identidad profesional y su relegación a la periferia social. Esta sanción fue un castigo ejemplarizante que debía desalentar cualquier forma de disidencia en la enseñanza.

La actuación de las CCDD de Madrid no fue homogénea, sino que puso de relieve diferencias en su perfil ideológico. Se manifestaron tensiones entre las familias políticas del régimen —ya fueran falangistas, católicos o tecnócratas— en su esfuerzo por imponer una hegemonía cultural y social a través de la purga ideológica del magisterio. La CD núm. 1 castigó a un 23,46% de los maestros y las maestras madrileños, siendo la comisión que actuaba con más dureza durante la primera etapa de la depuración en Madrid. A cambio, la CD núm. 4 sancionó a un 14,99% de los/as docentes, mostrando una actitud menor en términos cuantitativos. Con la creación de la CD única en 1941, se produjo un endurecimiento notable en la aplicación de castigos, sancionando al 41,06% del magisterio. Paradójicamente, el presidente de la CD núm. 4 asumió también la presidencia de la CD única, generando interrogantes sobre la mayor severidad en su actuación depurativa durante la última etapa del proceso en la provincia. Respecto a la toma de decisiones del JSR, los datos evidenciaron que el 30.42% de los expedientes revisados resultaron en la confirmación de los docentes en su cargo, cerrando de esta manera el proceso de depuración sin alguna sanción. Sin embargo, el 61.89% de ellas mantuvo su carácter punitivo. En algunos casos las medidas fueron suavizadas, mientras que otras se mantuvieron o incluso fueron endurecidas. El señalamiento público en este contexto propició dos perfiles docentes: quienes fueron confirmados/as en su cargo desde el inicio y quienes fueron sancionados/as. Este último perfil también incluyó a quienes, tras un largo proceso de revisión, finalmente fueron exonerados/as de los cargos. En la posguerra, el simple señalamiento era suficiente para generar sospechas sobre estos/as docentes y estigmatizarlos/as.

Los maestros y las maestras confirmados/as fueron descritos en términos de buenos antecedentes y fervor patriótico y religioso. No habían tenido vínculos con partidos de izquierda ni se habían desviado de los valores decimonónicos, lo que les permitió seguir ejerciendo. En cambio, los/as docentes sancionados/as fueron relacionados/as con conexiones reales o supuestas con el republicanismo, el laicismo o prácticas pedagógicas renovadoras. No solo su desempeño profesional, sino también su vida privada, eran objeto de escrutinio. Particularmente, las maestras eran castigadas si su conducta desafiaba el modelo de una feminidad sumisa promovido por el régimen. Un ideal de género basado en la moralidad y la religiosidad restringía a partir de ahora su papel en la esfera pública. El proceso de depuración logró neutralizar las renovaciones pedagógicas de corte liberal, europeístas y basadas en el pensamiento institucionista. Así, los/as docentes sancionados/as se convirtieron en silenciosos símbolos de la represión y de una enseñanza homogénea bajo los dictados del nacionalcatolicismo.

## A MODO DE CONCLUSIÓN

Analizar la depuración al magisterio madrileño evidenció un proceso cargado de arbitrariedad, en el que las CCDD operaron con criterios amplios y sin directrices claras. Este estuvo marcado por la falta de transparencia, en la cual las decisiones reflejaban discrecionalidad y dejaban al cuerpo docentes sin posibilidad real de defensa. Se generó un sesgo, que comprometía su legitimidad y reveló su objetivo de manera clara. La depuración fue una represión ideológica, más que una evaluación de las competencias profesionales. La depuración debía enviar un mensaje de advertencia al resto del magisterio madrileño: la conformidad con los valores del régimen no era una opción, sino una obligación. Las consecuencias fueron devastadoras tanto en el ámbito profesional como personal para quienes las sufrieron. La expulsión no sólo implicaba el abandono forzado de sus escuelas, sino también el duelo interno y el estigma social del rechazo. Solo aquellos/as que demostraron adhesión ideológica al régimen pudieron ser reintegrados, muchas veces tras actos de humillación. Estos elementos dotan al proceso de un carácter violento y represivo. Rescatar del olvido a la depuración del magisterio madrileño es un acto de justicia hacia las víctimas represaliadas. Es esencial para reconstruir una memoria escolar comprometida con una pedagogía crítica. En fin, contribuye a restaurar una narrativa histórica más justa y preserva una memoria escolar que defiende valores democráticos de justicia y de resistencia.

# Referencias

Del Pozo Andrés, María del Mar (1999), *Urbanismo y educación: política educativa y expansión escolar en Madrid (1900-1931)*, Alcalá de Henares, Editorial Universidad de Alcalá, 1999.

Del Pozo Andrés, María del Mar (2013), *Justa Freire o la pasión de educar. Biografía de una maestra atrapada en la historia de España (1896-1965)*, Madrid, Octaedro.

Del Pozo Andrés, María del Mar (2019), *Madrid, ciudad educadora, 1898-1938. Memoria de la escuela pública. Ensayos en torno a una exposición*, Madrid, Ayuntamiento de Madrid/Oficina de Derechos Humanos y Memoria.

Del Pozo Andrés, María del Mar; Braster, Sjaak, «El movimiento de la Escuela Nueva en la España franquista (España, 1936-1976): repudio, reconstrucción y recuerdo», *Revista Brasileira de História da Educação*, n.º 12, vol. 3 (2012), pp. 15-44.

Grana Gil, Isabel, Martín Zúñiga, Francisco, «La depuración franquista del profesorado de instituto en Madrid», *Revista Complutense de Educación*, n.º 28, vol. 3 (2017), pp. 705-720.

Juliá, Santos (2010), *Hoy no es ayer. Ensayos sobre la España del siglo XX*, Barcelona, RBA.

Marín García, José; Moreno Ejido, Álvaro (2017), *Los expedientes de revisión de depuración del magisterio español en el Archivo Central de Educación*, Madrid, Ministerio de Educación, Cultura y Deporte.

Martínez Martínez, Miguel, «La depuración franquista del magisterio en las escuelas primarias de Carabanchel», *Cabás*, n.º 14 (2015), pp. 16-37.

Menguiano Rodríguez, Carlos, «Renovación pedagógica e identidad: un estudio comparativo de los expedientes de oposición y de depuración de las direcciones escolares de la Segunda República», *Historia y Memoria de la Educación*, n.º 12 (2020), pp. 209-238.

Ramos Zamora, Sara, «Protagonistas de una desmemoria impuesta: los maestros y sus relatos de vida», en Juan Borroy, Víctor (ed.), *Museos pedagógicos. La memoria recuperada*, Huesca, Gobierno de Aragón, 2008, pp. 19-53.

Ramos Zamora, Sara, «Un ejercicio de intervención de la memoria: La represión de las maestras de la Segunda República», en Elena Sánchez de Madariaga (coord.), *Las maestras de la República*, Madrid, Catarata, 2012, pp. 147-165.

Ramos Zamora, Sara, «Debate sobre la memoria y la historia de la educación en el siglo XXI», *Social and Education History*, n.º 10, vol. 1 (2021), pp. 22-46.

Ramos Zamora, Sara; Santiesteban, Andra, «Depuración y exilio interior de las maestras de primera enseñanza en el Madrid de posguerra», *Historia y Memoria de la Educación*, n.º 17 (2023), pp. 173-204.

# EL MAGISTERIO RENOVADOR Y SU REPRESIÓN EN LA PROVINCIA DE SEGOVIA

## La memoria pedagógica y social de sus familias

Sara Valdivieso Bermejo
*Universidad de Valladolid*

**Resumen:** El magisterio renovador fue una generación de docentes que, inspirados por la Institución Libre de Enseñanza y las corrientes pedagógicas de la Escuela Nueva, promovieron una educación transformadora y democrática para construir una sociedad más justa. Durante la guerra civil y el franquismo, su compromiso político, educativo y social fue duramente castigado por los sublevados, impactando no solo en sus trayectorias, sino en las de sus familiares. Este estudio, basado en el método biográfico-narrativo, explora las vivencias y las emociones de estas familias, con el objetivo de conocer las formas de violencia vividas. Los resultados muestran una memoria truncada, marcada por el dolor y el silencio, que perpetuó el impacto de la represión más allá de la generación de docentes directamente afectada.

**Palabras clave:** Franquismo, magisterio, represión, relatos de familia, Segovia.

**Abstract:** The Magisterio Renovador was a generation of teachers who, inspired by the *Institución Libre de Enseñanza* and the pedagogical currents of the New School, promoted a transformative and democratic education to build a fairer society. During the spanish civil war and Franco's regime, their political, educational and social commitment was severely punished by the rebels, affecting not only their careers but also those of their families. This study, based on the biographical-narrative method, explores the experiences and emotions of these families, with the aim of understanding the forms of violence experienced. The results reveal a truncated memory, marked by pain and silence, which perpetuated the impact of repression beyond the generation of teachers directly affected.

**Keywords:** Francoism, teaching, repression, family stories, Segovia.

## Introducción

A finales del siglo XIX, España enfrentaba una elevada tasa de analfabetismo, con escuelas en condiciones precarias y un cuerpo docente poco preparado y mal remunerado. Para abordar este problema, diversos profesionales de la enseñanza comenzaron a interesarse en los avances educativos que surgían en Europa, dirigiendo su atención hacia iniciativas pedagógicas transformadoras. Esta influencia propició el surgimiento de diversos movimientos intelectuales, cuyo propósito era impulsar una transformación social fundamentada en la cultura y en la educación.

Entre finales del siglo XIX y comienzos del XX, emergieron diversos colectivos de docentes motivados por el anhelo de construir un país renovado, comprometidos con la idea de lograr esta transformación a través de la enseñanza. Además, algunos profesionales mostraban un notable entusiasmo por establecer una escuela pública de calidad, que respondiera a las necesidades sociales de la época. Uno de esos colectivos fue el denominado «Magisterio Renovador» (Pozo, 2012). Las propuestas progresistas de estos educadores y estas educadoras transformaron profundamente el sistema educativo de su tiempo. Sus inquietudes les llevaron a implementar cambios significativos en su enfoque pedagógico, con el propósito de construir una sociedad más justa y equitativa.

En la provincia de Segovia, este colectivo de docentes tuvo una participación destacada. Se involucraron activamente en diversas iniciativas: participaron en las Misiones Pedagógicas, colaboraron en la redacción de artículos para revistas especializadas o, incluso, dirigieron algunas de estas publicaciones. Además, tuvieron la oportunidad de conocer las corrientes pedagógicas más avanzadas, gracias a los viajes realizados a nivel nacional, en calidad de pensionados, por parte de la Diputación de Segovia y por Europa, a través de la Junta para la Ampliación de Estudios (JAE). Asimismo, promovieron la creación de los Centros de Colaboración Pedagógica y recuperaron la organización de los congresos pedagógicos provinciales (Ortiz y Torrego, 2018).

A causa de sus ideales progresistas y su visión de la educación, fueron duramente perseguidos tras el golpe de Estado contra el gobierno legítimo de la República (Dueñas y Grimau, 2004). La represión ejercida sobre el Magisterio Renovador está indiscutible- mente vinculada con las transformaciones educativas que impulsaron. Aunque se ha comenzado a investigar tanto la represión sufrida por este colectivo de docentes como el impacto de sus propuestas peda- gógicas (Sonlleva y Sanz, 2022), se ha prestado menos atención a una cuestión complementaria: las repercusiones en sus familias. Estas también fueron objeto de represalias, viéndose obligadas a guardar silencio y esconder su historia. Por ello, nuestra investigación tiene como propósito principal explorar las vivencias y las emociones de las familias de maestras y maestros renovadores en la provincia de Segovia frente a la represión que sufrieron, además de rescatar la memoria que conservan sobre ellos y la valoración que otorgan, en la actualidad, a su legado pedagógico.

## Metodología

Los testimonios familiares de los maestros y las maestras han perma- necido durante años ocultos en un pozo de olvido y los nombres de los docentes represaliados borrados de la historia de nuestro país. La narrativa juega un papel fundamental en la construcción de nuestra existencia humana, pues nos permite crear un puente entre lo que se ha vivido y se quiere transmitir, generando un espacio de com- prensión y reflexión que posibilita profundizar en las experiencias desarrolladas a lo largo de los años (León, 2015). En esta investiga ción se ha empleado el método biográfico-narrativo para recuperar la historia silenciada de las familias de docentes renovadores con el fin de profundizar en su experiencia y rescatar su memoria (Huchim y Reyes, 2013; Godino, 2017). Dentro de este método, los relatos de familia desempeñan un papel fundamental en nuestra investigación, pues constituyen un instrumento para acceder a las experiencias de las personas participantes.

Partiendo de esta idea, consideramos la entrevista en profundidad como una herramienta necesaria, ya que nos permite recuperar ese testimonio silenciado a través de la escucha atenta y respetuosa con su recuerdo (Kvale, 2011). Además de estas conversaciones, se tuvieron en consideración otras fuentes complementarias, como los expedientes personales y de depuración de los docentes que han sido referentes en esta investigación, así como diversos documentos personales legados por las familias.

Antes de realizar la búsqueda de las familias, se establecieron los criterios de selección de los profesionales que constituyen el eje vertebrador del estudio: (a) desarrollar su labor pedagógica en Segovia, durante el primer tercio del siglo XX, (b) introducir ideas renovadoras en las escuelas o participar en corrientes pedagógicas novedosas, y (c) experimentar la represión franquista.

Gracias a trabajos académicos previos (Valdivieso 2019; 2020), ya se disponía del contacto con algunas familias. Sin embargo, nuestro propósito también era conseguir el testimonio de familiares de más maestras, pues, además de ser olvidadas y excluidas a lo largo de la historia, vivieron una doble represión por el hecho de ser mujeres (Guardia, 2020). Sin embargo, encontramos varios problemas: algunas no tuvieron descendientes, si los tuvieron, sus apellidos desaparecían en la segunda generación, las familias encontradas no quisieron participar en el estudio…

Finalmente, contamos con las familias de: Pablo de Andrés Cobos y Enriqueta Castellanos Pereda, David Bayón Carretero, Fernando Norberto Cerezo Marinero y Purificación Cerezo Gil, Ángel Costa González, Ángel Gracia Morales y María Fuencisla Moreno Velasco, Norberto Hernanz Hernanz, y Pedro Natalías García.

## BREVE APUNTE DEL MAGISTERIO ESTUDIADO

Pablo de Andrés Cobos (1899-1973). Cofundador de la revista *Escuelas de España* y autor de varios libros. Becado por la Diputación de Segovia y por la JAE para conocer escuelas nacionales y europeas respectivamente. Participante en las Misiones Pedagógicas. Suspendido de empleo y sueldo y encarcelado.

David Bayón Carretero (1895-1981). Cofundador de la revista *Escuelas de España* y autor de varios libros y artículos de prensa. Becado por la Diputación de Segovia y por la JAE para conocer escuelas nacionales y europeas respectivamente. Suspendido de empleo y sueldo y encarcelado.

Enriqueta Castellanos Pereda (1901-1992). Participante en las Colonias Escolares segovianas. Creó una Sociedad Infantil y un comedor escolar. Suspendida de empleo y sueldo.

Purificación Cerezo Gil (1913-1996). Participante en las Colonias Escolares de Valencia. Suspendida de empleo y sueldo.

Fernando Norberto Cerezo Marinero (1888-1936). Colaborador en los Centros de Colaboración Pedagógica y la Universidad Popular Segoviana. Autor de varios artículos en prensa. Fusilado.

Ángel Costa González (1905-1973). Seguidor de la Institución Libre de Enseñanza y del krausismo. Creó una biblioteca. Suspendido de empleo y sueldo, encarcelado en varias prisiones y en un hospital psiquiátrico.

Ángel Gracia Morales (1894-1936). Cofundador de la revista *La Escuela Segoviana* y autor de artículos de prensa. Colaborador de las Colonias Escolares segovianas. Becado por la JAE para conocer escuelas europeas. Encarcelado y fusilado.

Norberto Hernanz Hernanz (1891-1981). Cofundador de la revista *Escuelas de España,* autor de varios libros y artículos de prensa. Participante en las Colonias Escolares segovianas. Precursor de los Centros de Colaboración Pedagógica. Becado por la Diputación de Segovia y por la JAE para conocer escuelas nacionales y europeas respectivamente. Suspendido de empleo y sueldo.

María Fuencisla Moreno Velasco (1896-1937). Participante en las Colonias Escolares segovianas. Becada por la JAE para conocer escuelas europeas y por la Diputación de Segovia para conocer escuelas nacionales. Autora de un libro. Suspendida de empleo y sueldo.

Pedro Natalías García (1892-1936). Cofundador de la revista *La Escuela Segoviana,* autor de un libro y varios artículos en prensa.

Participante en las Colonias Escolares segovianas. Encarcelado y fusilado.

## LAS VIVENCIAS DE SUS FAMILIAS

Aunque en la actualidad nos encontramos en proceso de analizar los datos recopilados, se han identificado una serie de consecuencias de la represión franquista en las familias, manifestadas en diversas formas de violencia.

Familias enteras se vieron forzadas a adoptar un silencio impuesto, permaneciendo calladas durante décadas debido al miedo que permeaba toda la sociedad, inhibiendo cualquier posibilidad de expresar la verdad o procesar el duelo: «Nunca, nunca. Nunca me habló de la guerra. Nunca» (familia de Norberto Cerezo y Purificación Cerezo). El temor a represalias generó un ambiente asfixiante. Esta forma de violencia psicológica ha emergido como un tema recurrente en todas las conversaciones analizadas: «El miedo era constante, lo impregnaba todo» (familia de David Bayón).

Además, hablar de los primeros años de dictadura implica hacer referencia a una época marcada por el hambre y la precariedad, que afectó a gran parte de la población. En este contexto, la violencia económica se manifestó de manera evidente en las familias de docentes represaliados. La suspensión de empleo y sueldo, los encarcelamientos y los asesinatos sufridos por el magisterio significaron la destrucción de la estabilidad económica de la familia: «Lo notaron mucho, porque se quedaron prácticamente sin recursos económicos» (familia de Norberto Hernanz). En este momento, es importante destacar el rol esencial que desempeñaron las mujeres, ya que, a menudo olvidadas, jugaron un papel crucial en la subsistencia familiar: «¿Mi madre qué hace? trabajar como una loca. Consiguió darnos de comer a todos» (familia de Pablo de Andrés y Enriqueta Castellanos).

La represión trascendió el ámbito económico, manifestándose en formas de violencia académica que afectaron las trayectorias educativas de sus descendientes: «Primero hubiera podido ser capaz de hacer una elección. Y al hacer una elección, hubiera hecho otro tipo de estudios, de vida y tal» (familia de Ángel Costa).

El sufrimiento también se tradujo en una forma de violencia social, que afectó significativamente a las relaciones tanto con el vecindario como dentro de las propias familias. La estigmatización y la discriminación que padecieron deterioraron sus vínculos sociales, generando aislamiento y aumentando su exclusión: «Había niños que no querían jugar con ella porque era hija de un rojo» (familia de Pedro Natalías).

Finalmente, a pesar de la persistente desmemoria que, aún después del fin de la dictadura, sigue prevaleciendo en la sociedad, la cuestión de la memoria histórica ha sido un tema recurrente en las conversaciones. Si bien el grado de conocimiento y la profundidad de la investigación sobre los antecedentes familiares varían considerablemente entre las diferentes familias, es posible identificar, en la mayoría de ellas, un interés común por conocer aún más la labor pedagógica realizada por estos maestros y estas maestras: «Lo que he sacado ha sido hablado de aquí, hablando de allá y, bueno, gente que me ha pasado papeles» (familia de Ángel Gracia y Fuencisla Moreno).

## Conclusiones

El magisterio fue uno de los colectivos más duramente perseguidos por la dictadura franquista, debido a su implicación en las reformas del sistema educativo que la República había impulsado. Un grupo destacado de maestros y maestras, pertenecientes a la generación del Magisterio Renovador, se comprometió con la transformación de la sociedad, llevando la cultura a todos los rincones del país. Este grupo de docentes, influenciado por las corrientes pedagógicas de la Escuela Nueva y de la Institución Libre de Enseñanza, introdujo nuevas ideas que desafiaban, claramente, las estructuras tradicionales de la enseñanza.

Durante décadas, el régimen franquista se esforzó por silenciar, ocultar y acabar con la contribución de estos maestros y estas maestras, retratándoles como figuras desmoralizadas. En la actualidad, conocemos algunos de sus nombres, cuáles fueron sus aportaciones y su valor. Por ello, es fundamental reconocer la importancia de este colectivo docente, no solo en el ámbito educativo, sino también en la evolución social de la época.

Recuperar su legado es esencial para comprender el impacto de sus esfuerzos y reparar una parte de nuestra memoria colectiva. Este reconocimiento solo será posible al reconstruir sus trayectorias profesionales y personales, como piezas clave para construir una sociedad más justa. Así, los testimonios de las familias desempeñan un papel central, ya que nos permiten acercarnos a la vida de los docentes y entender cómo la represión marcó no solo sus vidas, sino también a las generaciones posteriores. La violencia que sufrieron no debe ser olvidada; recordar es un acto de justicia y democracia.

## REFERENCIAS

Dueñas, Carlos de; Grimau, Lola (2004), *La represión franquista de la enseñanza en Segovia*, Valladolid, Ámbito.

Godino, Carmen María Belén (2017), *Procesos de construcción de nuevas identidades docentes. Vinculaciones entre los mandatos de formación inicial y los contextos de trabajo profesional en instituciones de nivel primario.* Tesis doctoral, Universidad de Buenos Aires. [Consultado el 10 de abril de 2023]. Disponible en: https://cutt.ly/2wq1wvYd

Guardia, Carmen de la (2020), *Las maestras republicanas en el exilio*, Madrid, Catarata.

Huchim, Donaldo; Reyes, Rafael, «La investigación biográfico-narrativa, una alternativa para el estudio de los docentes», *Actualidades Investigativas en Educación*, n.º 3, vol. 13 (2013), pp. 1-27.

Kvale, Steinar (2011), *Las entrevistas en Investigación Cualitativa*, Madrid, Morata.

León, Giselle, «La narrativa, como recurso en la investigación educativa», *Praxis investigativa ReDIE*, n.º 13, vol. 7 (2015), pp. 85-92.

Ortiz, Rosa; Torrego, Luis, «La prensa pedagógica en la reconstrucción del pasado educativo: el caso de la revista Escuelas de España (1929-1936)», *História da Educaçao,* n.º 56, vol. 22 (2018), pp. 80-105.

Pozo, María del Mar del, «La construcción de la categoría 'Maestra Republicana': la tipología generacional como propuesta», en Elena Sánchez (ed.), *Las maestras de la República,* Madrid, Catarata, 2012, pp. 236-270.

Sonlleva, Miriam; Sanz, Carlos, «'Corruptoras de las conciencias infantiles'. La depuración del magisterio femenino en la provincia de Segovia (1936-1945)», *Aportes,* n.º 108, vol. 37 (2022), pp. 223-260.

Valdivieso, Sara (2019), *El Magisterio Renovador en la provincia de Segovia.* Trabajo Fin de Grado, Universidad de Valladolid. [Consultado el 15 de abril de 2023]. Disponible en: http://uvadoc.uva.es/handle/10324/36606

Valdivieso, Sara (2020), *La represión del Magisterio Renovador en Segovia: la voz silenciada de las familias.* Trabajo Fin de Máster, Universidad de Valladolid. [Consultado el 15 de abril de 2023]. Disponible en: http://uvadoc.uva.es/handle/10324/41703

# LA ESCUELA DE MAGISTERIO MARÍA DÍAZ JIMÉNEZ
## Un proyecto de tesis doctoral*

Miriam Revuelta Vidal
*Universidad Complutense de Madrid*

RESUMEN: El presente artículo sintetiza los avances recopilados hasta el momento de una tesis doctoral en curso que pretende reconstruir la historia de la escuela de magisterio femenina madrileña «María Díaz Jiménez» durante la dictadura franquista (1939-1975). Siguiendo la metodología histórico-educativa, los resultados preliminares quedan divididos en tres grandes bloques, de acuerdo con los objetivos planteados para la propia investigación: currículum del centro, plantilla docente y formación complementaria. A modo de conclusión, se exponen algunas discrepancias encontradas con el paradigma ideológico del régimen, destacando la relevancia de esta institución en el panorama educativo del momento.

**Palabras clave:** formación del profesorado; escuela normal; maestras; Madrid.

ABSTRACT: This article summaries the progress made so far in a doctoral thesis in progress which aims to reconstruct the history of the 'María Díaz Jiménez' women's teacher training college in Madrid during the Franco dictatorship (1939-1975). Following the historical-educational methodology, the preliminary results are divided into three large blocks, in accordance with the objectives set for the research itself: the school's

---

\* La presente investigación se ha desarrollado bajo la concesión de un contrato predoctoral de Formación de Profesorado Universitario del Ministerio de Universidades (Convocatoria FPU2021).

curriculum, teaching staff and complementary training. By way of conclusion, some discrepancies found with the ideological paradigm of the regime are presented, highlighting the relevance of this institution in the educational panorama of the time.

**Keywords**: Teacher training, Normal school, female teachers, Madrid.

## Introducción

Las escuelas normales constituyen los orígenes institucionalizados de la formación del profesorado, centros que lucharon por ser escuelas profesionales independientes en los cuales se formasen docentes ajenos a intereses políticos o estatales (Guzmán, 1986).

En España, estos centros se introducen a través de contactos con Francia e Inglaterra, inaugurándose en el año 1839 la primera escuela normal o Seminario Central de Maestros del Reino. Con este pretexto, y a partir de la publicación del reglamento de 1843, se produjo un rápido desarrollo de escuelas normales en diferentes provincias del país. Sin embargo, no fue hasta la promulgación de la ley Moyano en 1857, cuando sugirió oficialmente en el marco legislativo la creación de normales femeninas, aunque la institucionalización de estas es anterior (Escolano, 1982).

Una de las escuelas femeninas más representativas fue la Escuela Normal Central de Maestras de Madrid —antecedente de la Escuela de Magisterio «María Díaz Jiménez»—, que abrió sus puertas en el año 1858, diecinueve años después que su homónima masculina (Colmenar, 1988). Tras una lenta evolución de la institución, en 1882 comienza lo que Colmenar (1994: 48) define como «la edad de oro en la evolución educativa de la escuela». A partir de ese año, comenzó a ser el primer centro de docencia oficial exclusivamente femenina de España, procurando una ampliación curricular concebida para consolidar una formación profesional de las mujeres (Colmenar, 1994).

Tal y como señala Morata (1997), entre los años 1914 y 1939 se implantaron dos planes destinados a las escuelas de magisterio que marcaron un antes y un después en la formación de maestros y maestras en España. El primero de ellos, conocido como el Plan Bergamín (1914), se caracterizó principalmente por la unificación de las titulaciones de magisterio. Durante este periodo, se destaca la fuerte presencia de normalistas en la internacionalización de la educación a través del programa de pensiones pedagógicas de la Junta para la Ampliación de Estudios e Investigaciones Científicas (JAE), a través del cual, se realizaban visitas pedagógicas al extranjero con la finalidad de la especialización formativa (Sanz y Sonlleva, 2020; Marín, 1990).

En 1931 se aprobó el Plan Profesional que transformó las escuelas normales en centros específicos de formación de magisterio primario. Además, se introdujo la coeducación y se contrató a profesorado de ambos sexos. Sin embargo, con el estallido de la Guerra Civil en 1936, la labor docente se detuvo hasta septiembre de 1937. En ese año, se redujo la actividad de la escuela a un único curso, hasta enero de 1938. Después de esto, las Escuelas Normales de Almería, Guadalajara y las dos de Madrid, se refundieron de forma transitoria en el resto de normales de España, por lo que parte del profesorado madrileño se vio obligado a trasladarse a otras ciudades como Valencia (Agulló y Juan, 2020). En octubre de 1938, se autorizó la apertura de la normal número dos de Madrid (Morata, 1997).

En este contexto, la presente investigación tiene como objetivo principal analizar la formación de las maestras madrileñas durante el franquismo en la Escuela de Magisterio María Díaz Jiménez, estableciendo como objetivos específicos: estudiar el currículo que se impartía en dicho centro, a través de la legislación, los programas de las asignaturas, y los manuales escolares; reconstruir la plantilla docente del centro durante el periodo estudiado, así como elaborar una prosopografía del profesorado más relevantes de la escuela; e identificar la formación complementaria desempeñada dentro y fuera de las aulas de la institución.

## Metodología

Para el desarrollo de la presente investigación, se ha empleado un enfoque metodológico basado en el método histórico-educativo (Ruiz, 1976), compuesto por las siguientes fases: planteamiento de la investigación, heurística, hermenéutica y exposición final de los resultados.

En lo relativo al planteamiento de la investigación, se realizó una exhaustiva revisión bibliográfica que permitió delimitar el objeto de estudio, la escuela de magisterio aludida, en un periodo concreto, la dictadura franquista (1939-1975). Esta decisión vino motivada porque los estudios existentes sobre esta institución se centraban en los periodos inmediatamente previos, tratando con ello de resolver una laguna en la investigación histórico-educativa.

Con respecto a la segunda fase, la heurística, una fase destinada a la búsqueda, localización y clasificación de fuentes primarias, se ha visitado el Archivo General de la Universidad Complutense de Madrid, el Archivo General de la Administración (A.G.A) de Alcalá de Henares, así como la Biblioteca Nacional. Entre la documentación localizada se encuentran memorias de prácticas de las alumnas, expedientes profesionales de la plantilla docente o programas de las asignaturas impartidas en el centro. En lo que refiere a la crítica de las fuentes, se ha podido constatar la veracidad de los documentos, así como de la propia información de estos, dilucidando su contenido a través del contraste de estos con otras fuentes.

Por otro lado, en cuanto a la hermenéutica, relativa a la interpretación histórica de los datos, se está llevando a cabo el estudio de las fuentes primarias encontradas, complementándolas con la información extraída de la revisión bibliográfica realizada.

Finalmente, en cuanto a la exposición final de los resultados, actualmente se está elaborando una memoria final de los mismos en formato de tesis doctoral.

## RESULTADOS

Los resultados de este proyecto de tesis doctoral pueden dividirse en tres grandes bloques, respondiendo a los objetivos de investigación específicos planteados anteriormente.

### *El currículum*

Hasta el momento, se ha llevado a cabo el análisis de una parte de la legislación publicada en lo relativo al magisterio durante la etapa franquista hasta 1970.

Es preciso aludir a que las leyes promulgadas entre 1940 y 1970 tuvieron un currículum diferenciado por sexos y establecieron la obligatoriedad de la asignatura de labores del hogar en primaria, secundaria y magisterio. En palabras de González (2009: 94) «durante el franquismo se reforzó la desigualdad de género, la separación de roles y las diferencias curriculares con el aprendizaje de materias «mujeriles», confiando la función de las mujeres al espacio doméstico y a desempeñar la misión de madre». Dado que el ideal femenino de la época se canalizaba en el rol de madre y esposa perfecta, sometida legal y socialmente a los hombres, a la par que devota entregada a la fe católica, se percibe un perfil de maestra del primer franquismo formada en dichos valores, y como instrumento de transmisión de estos a las generaciones siguientes (Rabazas, 2001).

Con la aprobación de la Ley General de Educación de 1970, pese a la unificación del currículum y la desaparición de las enseñanzas del hogar, la contradictoria normativa establecida continuó perpetuando las diferencias con respecto al género (González, 2009).

## El profesorado

Por el momento, se ha logrado reconstruir de manera íntegra la plantilla docente durante el periodo de la dictadura, llevándose a cabo una compilación de las trayectorias académicas de aquellos y aquellas docentes más relevante para la institución, siguiendo como criterios el periodo docente en la escuela, y sus contribuciones relevantes a la misma.

A modo de ejemplo sirva el caso de la normalista que dio nombre a la institución, María del Rosario Díaz Jiménez.

María, natural de León, cursó sus estudios en la escuela normal superior de maestras de Valladolid. Fue nombrada profesora auxiliar honoraria de la normal elemental de maestras de León en el año 1902, y, posteriormente, ocupó el cargo de profesora provisional en esta misma institución. En 1911, mediante un concurso de oposición, obtuvo plaza como profesora numeraria de la sección de letras en la escuela normal superior de maestras de Palencia. Tres años después regresó a la normal de León, hasta que, en 1939 se incorporó a la plantilla docente de la escuela normal de Madrid n.º 2 (femenina), donde fue nombrada directora por el nuevo régimen franquista (Poy, 2012).

Más allá de su labor normalista, cabe destacar su vinculación a la Institución Teresiana, pues se la ha descrito como «una activa colaboradora del movimiento educativo católico representado por los Internados Teresianos» (Poy, 2012: 195), y durante años ostentó el cargo de vicedirectora general de la institución. En este sentido, durante su trayectoria profesional, participó en diversos actos de carácter académico, y publicó variedad de obras en revistas. Por otro lado, es preciso señalar que fue miembro de la comisión de cultura de la junta técnica del estado -organismo que precedió al Ministerio de Educación Nacional-, y, además, fue nombrada consejera del Consejo Nacional de Educación (Rosique, 2014).

## Formación complementaria

En primer lugar, resulta importante destacar que la terminología de esta categoría hace referencia a aquellas actividades que resultan un complemento formativo de las enseñanzas curriculares, y que fueron desarrolladas dentro de la propia institución, o bien organizadas por la misma. Estas quedan recogidas en el Reglamento del Magisterio de 1950, cuya finalidad era obtener una completa formación del magisterio.

Sin embargo, esto no resultó una novedad implementada por el régimen franquista, si bien este tipo de prácticas venían implementándose en la escuela desde su reorganización en 1882, cuando se introdujeron las teorías que estaban siendo promovidas por la Institución Libre de Enseñanza en España (Colmenar, 1988).

En este sentido, cabe señalar que, desde principios del siglo XX, se evidencia en esta escuela una intensa vida académica, dada su recurrente participación en certámenes pedagógicos (realizados a nivel nacional e internacional), además de la adjudicación de una parte de la plantilla docente de becas impulsadas por la Junta para Ampliación de Estudios e Investigaciones científicas para realizar estudios en el extranjero (Colmenar, 1994).

Un ejemplo de las actividades comprendidas bajo este apartado son las excursiones al medio natural. Se encuadraban curricularmente en las asignaturas de un marcado carácter científico, como Metodología de la Física y de la Química o Ciencias Naturales, lo cual llama particularmente la atención por el descuido de la enseñanza de las ciencias que se llevó a cabo durante la dictadura franquista.

## Conclusiones

La llegada al poder del régimen franquista supuso un cambio ideológico radical para la sociedad española en todos los contextos. Concretamente, la educación se convirtió en una herramienta de transmisión de los valores del nacionalcatolicismo, lo que supuso una voluntad de ruptura con todas las innovaciones llevadas a cabo por los gobiernos anteriores.

En este sentido, el régimen trató de desmantelar todas las pedagogías e innovaciones educativas que fueron implementadas durante el primer tercio del siglo xx. Sin embargo, a partir de la documentación consultada se evidencia que no se produjo un desmantelamiento efectivo de las prácticas innovadoras. Más bien se deduce que estas permanecieron latentes durante todo el período estudiado, aunque fueron revestidas desde la perspectiva católica imperante en el momento para lograr una simbiosis con la nueva ideología impuesta por el régimen.

Asimismo, se destaca la labor de la escuela María Díaz Jiménez como una institución educativa de referencia para otros centros de formación del profesorado, fruto de una plantilla docente formada y competente, junto a la intensa actividad pedagógica de la institución.

# Referencias bibliográficas

Agulló Díaz, Carmen y Juan Agulló, Blanca, «Mestres de mestres. 150 anys de formació de mestres valencianes». 1.ª ed., Valencia, Universitat de València, 2020, 388 pp.

Colmenar Orzaes, María del Carmen, «Espacio y tiempo escolar en la Escuela Normal Central de Maestras de Madrid durante la etapa de la Restauración». *Revista complutense de educación,* n.º 2, vol. 5 (1994), pp. 47-58.

Colmenar Orzaes, María del Carmen, «Historia de la Escuela Normal central de maestras de Madrid. 1858-1914». Director: Julio Ruiz Berrio. [Tesis de doctorado].Universidad Complutense de Madrid, 1988.

Escolano Benito, Agustín, «Las escuelas normales, siglo y medio de perspectiva histórica». *Revista de educación,* n.º 269, (1982), pp. 55-76.

González Pérez, Teresa, «Los programas escolares y la transmisión de roles en el franquismo: la educación para la maternidad». *Bordón. Revista De Pedagogía,* n.º 3, vol. 61, (2009), pp. 93-105.

González Pérez, Teresa, «El discurso educativo del nacionalcatolicismo y la formación del magisterio español». *Historia Caribe,* n.º 33, vol. 13, (2018), pp. 83-120.

Guzmán, Manuel. De, *Vida y muerte de las escuelas normales,* 1.ª ed., Barcelona, PPU, 1986, 406 pp.

Marín Eced, Teresa, *La renovación pedagógica en España (1907-1936): los pensionados en pedagogía por la Junta para ampliación de estudios,* 1.ª ed., Madrid, Consejo Superior de Investigaciones Científicas, CSIC, 1990, 469 pp.

Morata Sebastián, Rosario, «*La Escuela Normal de maestras de Madrid durante la vigencia de los planes Bergamín y Profesional (1914-1939).* Director: Julio Ruiz Berrio [Tesis de doctorado]. Universidad Complutense de Madrid, 1997.

Poy Castro, Raquel, «Educadoras y educadores en León al filo de la Guerra Civil: auge, depuración y parálisis». *Aula,* n.º 18, (2012), pp. 181-206.

Rabazas Romero, Teresa «Modelos de mujer sugeridos a las maestras en el franquismo». *Bordón: Revista de pedagogía,* n.º 3, vol. 53, (2001), pp. 423-442.

Rosique Navarro, Francisca, «De los comienzos a la consolidación», en F. Rosique Navarro (ed.), *Historia de la Institución Teresiana (1911-1936)*, Sílex Ediciones, 2014, pp. 57-109.

Ruiz Berrio, Julio. «El método histórico en la investigación histórica de la educación». *Revista española de pedagogía*, n.º 134, vol. 34, (1976), pp. 449-475.

Sonlleva Velasco, Miriam y Sanz Simón, Carlos, «Mujeres pensionadas por la Junta para la Ampliación de Estudios en Pedagogía (1907-1940). El caso de Castilla y León». *Tempo e Argumento*, n.º 32, vol. 13 (2021), e0206.

# EDUCAÇÃO ESPECIAL NO RIO GRANDE DO NORTE
## História, Política e Memória (1970-2019)

Maria Mariza Bezerra Lima
*Instituto de Educação-Ulisboa*

**Resumo:** Esta pesquisa visa investigar a trajetória histórica da educação especial no Estado do Rio Grande do Norte, Brasil, no período de 1970 a 2019, analisando marcos legislativos e institucionais que impactaram as políticas educativas para pessoas com deficiência, assim como as influências de documentos internacionais relevantes. A pesquisa adota uma abordagem qualitativa, utilizando métodos como entrevistas semiestruturadas, observação in loco e pesquisa bibliográfica. A análise se fundamenta na micro-história, explorando a história do Centro Estadual de Educação Especial (CEESP) através de acervos documentais e memórias de seus envolvidos. A análise de conteúdo é aplicada para cruzar dados de fontes documentais e orais, permitindo uma reflexão crítica sobre o fenômeno estudado. Os resultados evidenciam que a implementação da educação inclusiva no RN foi impulsionada por marcos legislativos e transformações sociais, com destaque para a promulgação da Lei de Diretrizes e Bases da Educação Nacional (1971) e a Declaração de Salamanca (1994), que reafirmaram a inclusão educacional. A trajetória do CEESP, fundado em 1985, ilustra um comprometimento crescente com práticas pedagógicas inclusivas, apesar de enfrentar desafios estruturais e falta de recursos. A equipe multidisciplinar do CEESP foi essencial na criação de um ambiente adaptado às necessidades educacionais especiais, promovendo a integração e participação ativa dos alunos. A pesquisa conclui que a evolução da educação especial no Rio Grande do Norte reflete um processo contínuo de transformação, impulsionado por influências internacionais e a busca por inclusão. O CEESP-Natal se destacou como um modelo de práticas educacionais inclusivas, embora ainda enfrente desafios operacionais tí-picos do setor público. As memórias e experiências coletadas durante a pesquisa ressaltam a importância de um compromisso institucional com a inclusão, valorizando a diversidade como um elemento enriquecedor no processo educativo.

**Palavras-chave:** Educação Inclusiva. Políticas Públicas. Deficiência.

**Abstract:** This research aims to investigate the historical trajectory of special education in the state of Rio Grande do Norte, Brazil, from 1970 to 2019, analyzing legislative and institutional milestones that have impacted educational policies for people with disabilities, as well as the influence of relevant international documents. The study adopts a qualitative approach, employing methods such as semi-structured interviews, on-site observations, and bibliographic research. The analysis is grounded in microhistory, exploring the history of the State Center for Special Education (CEESP) through archival documents and the memories of those involved. Content analysis is applied to cross-reference data from documentary and oral sources, allowing for a critical reflection on the phenomenon studied. The findings highlight that the implementation of inclusive education in Rio Grande do Norte was driven by legislative milestones and social transformations, particularly the enactment of the National Education Guidelines and Framework Law (1971) and the Salamanca Statement (1994), which reinforced educational inclusion. The trajectory of CEESP, founded in 1985, illustrates a growing commitment to inclusive pedagogical practices despite facing structural challenges and resource shortages. The center's multidisciplinary team played a crucial role in creating an environment adapted to special educational needs, fostering student integration and active participation. The research concludes that the evolution of special education in Rio Grande do Norte reflects an ongoing process of transformation, driven by international influences and the pursuit of inclusion. CEESP-Natal emerged as a model for inclusive educational practices, although it still faces operational challenges typical of the public sector. The memories and experiences collected throughout the study underscore the importance of institutional commitment to inclusion, valuing diversity as an enriching element in the educational process.

**Keywords:** Inclusive Education. Public Policies. Disability.

# Introdução

Esta tese de doutoramento, realizada no Instituto de Educação da Universidade de Lisboa (IE ULisboa), tem como objetivo investigar a trajetória histórica da educação especial no Estado do Rio Grande do Norte (RN), Brasil, entre os anos de 1970 e 2019. O período selecionado para esta pesquisa é particularmente relevante, pois abrange marcos legislativos e institucionais que desempenharam um papel fundamental na transformação das políticas de educação para pessoas com deficiência no Brasil. Entre esses marcos, destacam-se a promulgação da Lei de Diretrizes e Bases da Educação Nacional de 1971, a criação da Coordenadoria Nacional para Integração da Pessoa Portadora de Deficiência (CORDE) em 1986 (Almeida, 2002), e a Constituição Federal de 1988 (Brasil, 1988), que reconheceu formalmente os direitos das pessoas com deficiência.

Ademais, a investigação considera as influências de documentos internacionais significativos, como a Declaração de Salamanca, de 1994, e a Convenção sobre os Direitos das Pessoas com Deficiência, de 2006. Estes documentos não apenas moldaram as políticas públicas brasileiras, mas também introduziram princípios fundamentais de inclusão e acessibilidade, promovendo uma reflexão crítica sobre as práticas educacionais voltadas a esse público.

A pesquisa inicia-se com uma análise do contexto histórico internacional da educação especial, identificando eventos e movimentos que influenciaram a formulação de legislações e práticas educacionais no Brasil (Ainscow, 2009). Embora o país tenha experimentado variações temporais e desafios específicos, é possível observar uma tendência global que favorece a inclusão no ensino regular e que impactou diretamente o estado do Rio Grande do Norte (Araujo, 2012).

Em seguida, a tese direciona seu foco para as iniciativas estaduais, mapeando as ações públicas do Governo do Rio Grande do Norte no campo da educação especial. Apesar da escassez de legislações específicas durante o período em análise, a década de 1980 destaca-se pela criação da Subcoordenação de Educação Especial, evidenciando um crescente reconhecimento da necessidade de um enfoque educacional voltado às pessoas com deficiência (Araujo, 2016).

Para uma compreensão mais profunda e contextualizada, a pesquisa inclui um estudo de caso sobre o Centro Estadual de Educação Especial, utilizando uma variedade de fontes,

como arquivos audiovisuais e entrevistas com funcionários e professores aposentados (Amado, 2017). Esta abordagem permite não apenas a análise das políticas públicas, mas também a exploração das práticas e experiências vivenciadas nessa instituição emblemática.

## MÉTODO

Os procedimentos metodológicos desta pesquisa foram elaborados para guiar o desenvolvimento do estudo, que adotou uma abordagem qualitativa. Foram utilizados métodos como entrevistas semiestruturadas, observação in loco e pesquisa bibliográfica (Bardin, 2009). Devido à escassez de estudos e à falta de arquivos públicos organizados no Rio Grande do Norte, optou-se por recorrer a documentos nacionais.

A pesquisa foi baseada na análise documental, utilizando normativas e trabalhos acadêmicos que orientaram a investigação. A análise se aproximou da análise do discurso político, explorando as interações entre atores sociais. Documentos normativos, como a Constituição Federal e legislações, foram essenciais para a estruturação da pesquisa, enquanto a pesquisa bibliográfica sustentou as partes teóricas do trabalho.

Utilizando a metodologia de micro-história, a pesquisa se insere no campo da história das instituições educativas, buscando reconstituir a história do Centro Estadual de Educação Especial (CEESP) através de acervos documentais e memórias dos envolvidos. A análise de conteúdo foi empregada para cruzar dados de fontes documentais e orais, permitindo uma reflexão crítica sobre o fenômeno estudado (Bardin, 2009).

A coleta de dados ocorreu por meio de entrevistas com diretores, professores e pais, utilizando a técnica de amostragem «bola de neve» para identificar informantes relevantes. A análise de conteúdo envolveu a codificação dos dados e a exploração de conteúdos latentes, conforme proposta por Bardin (2009).

Por fim, a pesquisa considerou a história da educação especial mundial e brasileira como pano de fundo para o desenvolvimento dos eventos no Rio Grande do Norte, destacando a evolução histórica do CEESP. Apesar das dificuldades encontradas, como a falta de arquivos organizados, a pesquisa conseguiu traçar um panorama relevante sobre a educação especial na região.

## Resultados e Discussão

O contexto de transformações sociais, especialmente o fim do governo militar e as crises econômicas, desempenhou um papel crucial (Góes & Laplane, 2013). Durante esse período, o Brasil, em busca de apoio internacional, se vinculou a grupos como os liderados pelos Estados Unidos, que defendiam a promoção de organismos internacionais, como a ONU. Isso resultou na aceitação de legislações internacionais que visavam modificar a educação no país, com destaque para a Declaração de Salamanca de 1994, que enfatizava a inclusão de todas as crianças na educação (Garcia, 2004).

Historicamente, antes da década de 1970, pessoas com deficiência enfrentavam exclusão do sistema educacional. Contudo, a partir de 1971, com a promulgação da Lei de Diretrizes e Bases da Educação Nacional, iniciou-se uma mudança significativa (Jannuzzi, 1991). A década de 1980 se mostrou fundamental, com a fundação do Centro Estadual de Educação Especial de Natal (CEESP-NATAL) em 1985, refletindo um movimento mais amplo em prol da inclusão (Glat et al., 2003). Nacionalmente, a Lei Federal n.º 7.853/1989 estabeleceu a Coordenação Nacional de Integração da Pessoa com Deficiência (CORDE), visando coordenar a Política Nacional de Integração da Pessoa com Deficiência (Gurtgel, 2007).

Apesar de enfrentar desafios iniciais, como a falta de suporte e estrutura, o CEESP-NATAL dedicou-se à criação de práticas pedagógicas adaptadas, tornando-se uma referência em inclusão educacional (Glat, 2011). Sua trajetória histórica exemplifica o compromisso com a inclusão e a relevância da educação especial, influenciando outras instituições e promovendo uma cultura inclusiva no Brasil (Glat & Pletsch, 2013).

A história do CEESP-NATAL é marcada por transformações significativas, superando dificuldades, como a falta de infraestrutura e mão de obra qualificada. Com o tempo, as reformas e melhorias ampliaram os serviços oferecidos, incluindo terapias e oficinas, aumentando as vagas e a qualidade dos serviços prestados. Por ser uma instituição pública, o CEESP-NATAL desempenhou um papel fundamental no desenvolvimento da educação especial no estado do Rio Grande do Norte, proporcionando suporte educacional e assistencial, especialmente em áreas remotas (Glat, 1985).

Os valores humanos foram centrais no processo de implantação da educação especial, com a equipe multidisciplinar do Centro criando um ambiente adaptado para atender às necessidades educacionais especiais (Goffman, 1961). A interlocução com professores do ensino regular facilitou uma abordagem colaborativa, que reconheceu as singularidades dos alunos, promovendo sua participação e aprendizado. Ademais, o CEESP-NATAL se consolidou como referência na oferta de serviços educacionais especializados, beneficiado por apoio financeiro e políticas de financiamento que aprimoraram sua estrutura (González, 2005). A evolução do Centro reflete uma transição para a educação inclusiva, buscando práticas que reconheçam as diferenças individuais e promovam a participação equitativa.

A formação continuada dos servidores emerge como um pilar essencial para a oferta de uma educação inclusiva de qualidade (Gonçalves-Gil & Martin, 2011). O CEESP-NATAL se tornou um exemplo de como a adaptação contínua às leis de inclusão pode resultar em práticas educacionais eficazes. Os eventos promovidos pela instituição facilitaram diálogos sobre práticas pedagógicas voltadas ao desenvolvimento dos estudantes e sua integração no processo de aprendizagem.

Entretanto, a constante adaptação do Projeto Político-Pedagógico (PPP) foi necessária para alinhar a educação inclusiva às mudanças legais, resultando em revisões do documento norteador. O compromisso do Centro em aprimorar suas práticas inclusivas é visível, com foco em oferecer educação de qualidade que respeite as necessidades individuais dos alunos (Goffredo, 1961).

As memórias afetivas e experiências de ex-funcionários, como a de L. K., filha de uma educadora pioneira do Centrinho, destacam o impacto transformador do ambiente do Centro. As recordações de dedicação e envolvimento no processo educacional revelam o Centrinho não apenas como uma instituição, mas como um lar onde famílias e educadores lutam juntos por direitos básicos à educação de qualidade (Glat, 1989).

Os desafios enfrentados durante a pesquisa, como a desorganização dos arquivos públicos sobre a educação especial, dificultaram o acesso a informações históricas (Instituto Brasileiro de Geografia e Estatística, 2006). Documentos essenciais foram enviados sem catalogação, prejudicando a recuperação de dados sobre a história do CEESP-NATAL. As tentativas de acessar informações através da Subcoordenadoria de Educação Especial (SUESP-RN) também foram infrutíferas, evidenciando uma resistência em compartilhar dados relevantes.

Diante dessas dificuldades, a pesquisa se voltou para fontes bibliográficas e dados do censo escolar, além de entrevistas que esclareceram aspectos históricos e contribuíram para a organização dos protocolos de trabalho (Instituto Brasileiro de Geografia e Estatística, 2020). A busca por informações, embora complexa, resultou em um panorama mais confiável sobre as matrículas de alunos e a oferta de serviços de educação especial.

Portanto, a análise da trajetória do CEESP-NATAL, além de revelar avanços significativos na educação inclusiva no Brasil, expõe as lutas e os desafios enfrentados por educadores e familiares ao longo das últimas décadas. As experiências e memórias compartilhadas não apenas enriquecem a compreensão da história da educação especial no Brasil, mas também reforçam a importância de uma abordagem inclusiva que respeite e valorize a diversidade educacional.

## Conclusão

Ao longo desta pesquisa, buscamos relatar a evolução da educação especial no Rio Grande do Norte (RN) entre 1970 e 2019, destacando as principais fases desse desenvolvimento. Identificamos que a implementação da educação inclusiva no RN foi impulsionada por marcos legislativos e transformações sociais, fortemente influenciadas por organismos internacionais. A Declaração de Salamanca de 1994 foi um ponto crucial nesse processo, defendendo a inclusão de todas as crianças, independentemente de suas condições.

Entretanto, notamos que a influência internacional leva tempo para se refletir em mudanças práticas, com um intervalo de 7 a 8 anos até a promulgação de leis e decretos. Isso destaca a importância das influências sobre os direitos humanos na cultura brasileira e, especificamente, na potiguar. A Constituição de 1988, por exemplo, garantiu que os direitos individuais não poderiam ser retirados e que acordos que os ampliassem teriam status constitucional.

Desde sua fundação, o Centro Educacional de Educação Especial (CEESP-Natal) evoluiu consideravelmente na oferta de serviços educacionais especializados, com reformas que ampliaram a qualidade e a quantidade de atendimentos. A equipe multidisciplinar desempenhou um papel vital, criando um ambiente adaptado às necessidades educacionais especiais e desenvolvendo estratégias pedagógicas inclusivas.

Analisamos também o Projeto Político-Pedagógico (PPP) do CEESP-Natal, que se mostrou dinâmico e alinhado com as legislações de inclusão, consolidando a instituição como referência em práticas educacionais inclusivas. A flexibilidade do PPP permitiu adaptações contínuas, mantendo espaço para inovações pedagógicas.

Embora a instituição tenha recebido reconhecimento pela excelência noatendimento, ainda enfrenta desafios comuns ao setor público, como carência de docentes e escassez de materiais. Notamos que a simples conformação física do espaço não é um impeditivo para a educação inclusiva; a postura dos funcionários, que focam nas potencialidades dos alunos, é fundamental para o sucesso da educação inclusiva.

Observamos que a entrada do CEESP-Natal no sistema de ensino trouxe algumas complicações, como a exclusão de serviços antes oferecidos e a necessidade de reavaliação do público atendido. Isso gerou desconforto na comunidade, uma vez que muitos alunos foram forçados a deixar a instituição. Além disso, identificamos áreas de melhoria, como a necessidade de ampliar os serviços terapêuticos e promover inclusão digital. A formação continuada dos profissionais e a colaboração com instituições parceiras são essenciais para enfrentar esses desafios e promover práticas educacionais inovadoras.

Por fim, sugerimos novas investigações sobre a efetividade das políticas públicas em atingir a população com deficiência no RN. Considerando que o censo de 2010 indicou que 28,70% da população possui algum tipo de deficiência, é vital entender como essa parcela pode ser incluída no sistema educacional e na sociedade como um todo. A falta de incentivo financeiro para novos projetos representa um obstáculo adicional, destacando a necessidade de esforços para otimizar os atendimentos especializados e promover a inserção no mercado de trabalho.

## Referencias

Ainscow, Mel (2009). Developing inclusive education systems: The role of school leaders. Education Management Administration & Leadership, 37(4), pp. 430-448.

Almeida, Ana (2002). Políticas de educação especial no Brasil: Um estudo sobre a trajetória das ações governamentais. Dissertação de Mestrado. Universidade de Brasília.

Amado, João (2017). História da educação especial no Brasil: Conquistas e desafios. Educação e Pesquisa, 43(4), pp. 963-978.

Bardin, Laurence (2009). Análise de conteúdo. Lisboa: Edições 70.

Glat, Rosana (1985). Educação especial no Brasil: Histórico e desafios. Revista Brasileira de Educação Especial, 1(1), pp. 55-66.

Glat, Rosana (2011). História da educação especial: Da exclusão à inclusão. Revista Brasileira de Educação Especial, 17(3), pp. 345-358.

Glat, Rosana e Pletsch, Márcia (2013). O Centro Estadual de Educação Especial e a inclusão escolar no Brasil: Uma análise histórica. Cadernos de História da Educação, 12(1), pp. 185-205.

Gonçalves-Gil, Eliana e Martin, Joaquim (2011). Formação de professores para a educação inclusiva: Desafios e possibilidades. Educação em Revista, 27(3), pp. 41-61.

Goffman, Erving (1961). Asylums: Essays on the social situation of mental patients and other inmates. New York: Anchor Books.

González, Maria (2005). Políticas públicas e educação inclusiva: Uma análise comparativa. Revista Brasileira de Política Educacional, 3(2), pp. 45-63.

Gurtgel, Henrique (2007). A política nacional de inclusão da pessoa com deficiência: História e desafios. Revista Brasileira de Inclusão, 1(1), pp. 15-29.

Góes, Daniela e Laplane, Luciana (2013). Educação inclusiva e políticas públicas no Brasil: Análise das diretrizes nacionais. Revista Brasileira de Educação Especial, 19(2), pp. 195-212.

Jannuzzi, Paulo (1991). A educação de pessoas com deficiência no Brasil: A construção de uma política pública. Revista Brasileira de Educação Especial, 2(1), pp. 3-16.